ROBERT 1980

BIBLIOTHÈQUE
DE PHILOSOPHIE CONTEMPORAINE

LE DROIT SOCIAL
LE DROIT INDIVIDUEL

ET

LA TRANSFORMATION DE L'ÉTAT

CONFÉRENCES
FAITES A L'ÉCOLE DES HAUTES ÉTUDES SOCIALES

PAR

LÉON DUGUIT

Professeur à la Faculté de Droit de l'Université
de Bordeaux

DEUXIÈME ÉDITION

PARIS

FÉLIX ALCAN, ÉDITEUR

LIBRAIRIES FÉLIX ALCAN ET GUILLAUMIN RÉUNIES
108, BOULEVARD SAINT-GERMAIN, 108

LE DROIT SOCIAL

LE DROIT INDIVIDUEL

ET

LA TRANSFORMATION DE L'ÉTAT

LE DROIT SOCIAL

LE DROIT INDIVIDUEL

ET

LA TRANSFORMATION DE L'ÉTAT

CONFÉRENCES

FAITES A L'ÉCOLE DES HAUTES ÉTUDES SOCIALES

PAR

LÉON DUGUIT

Professeur à la Faculté de Droit de l'Université de Bordeaux.

DEUXIÈME ÉDITION

PARIS

FÉLIX ALCAN, ÉDITEUR

LIBRAIRIES FÉLIX ALCAN ET GUILLAUMIN RÉUNIES

108, BOULEVARD SAINT-GERMAIN, 108

1911

AVERTISSEMENT

DE LA DEUXIÈME ÉDITION

Je réimprime ces conférences telles qu'elles ont été écrites et prononcées au mois de mars 1908. Aussi bien je crois que les faits qui se sont accomplis depuis deux années sont venus confirmer ce que je disais alors. D'autre part, il m'est agréable de constater que des auteurs éminents, M. Hauriou notamment dans son livre Principes du droit public 1910, *ont exprimé des idées qui sur beaucoup de points se rapprochent des miennes. Dans ces conditions je devais mentionner en des notes les faits les plus saillants de ces deux dernières années et donner les références à ce qui a été écrit de plus notable sur le sujet. C'est ce que j'ai essayé de faire.*

D'autre part, je tiens à remercier le public français et étranger du bienveillant accueil fait à ce petit livre. D'aucuns y ont voulu voir une adhésion au parti syndicaliste.M. Esmein (Droit constitutionnel, 5ᵉ édit. 1909, p. 40) parle « d'une adhésion éclatante aux doctrines syndicalistes ». Le grand public justement n'y a rien vu de cela, mais seulement l'exposé sincère et impartial des faits et leur interprétation froidement scientifique.

A mon sens, le syndicalisme n'est ni une doctrine ni un parti; il est un fait, un fait considérable. Le méconnaître en sociologie, c'est se tromper gravement; le méconnaître en politique, c'est se condamner à l'impuissance. Comment ce fait est à la fois la cause et l'effet de la disparition de la croyance à la souveraineté nationale et de l'État jacobin qui était fondé sur cette croyance, comment le syndicalisme contient un germe puissant d'organisation pour les services publics, voilà ce que j'ai essayé de montrer et rien de plus. Les faits qui se sont accomplis depuis deux années paraissent bien démontrer que je ne me suis pas trompé.

Tourenne par Lugon (Gironde)

25 septembre 1910.

LE DROIT SOCIAL, LE DROIT INDIVIDUEL
ET LA TRANSFORMATION DE L'ÉTAT

PREMIÈRE CONFÉRENCE

I. La règle de droit ou droit objectif. — II. Caractère métaphysique de la notion de droit subjectif. — III. Inexistence de la puissance publique conçue comme droit subjectif. — IV. Danger social de ce concept.

MESDAMES, MESSIEURS,

Ce n'est pas sans quelque appréhension que j'aborde le sujet, qui doit faire l'objet de ces trois conférences. Non point que je redoute d'exposer ici des idées, dont quelques-unes pourront paraître à d'aucuns téméraires ou paradoxales. Je sais que dans cette maison [1], si largement ouverte à toutes les opinions, d'où qu'elles viennent et où qu'elles aillent, le droit de tout dire n'a de limite que la bonne foi du conférencier.

Mais très franchement, je crains de me brouiller tout à fait, et avec les socialistes et

1. L'École des hautes études sociales.

DUGUIT   1

avec les juristes orthodoxes. Avec ceux-là, je crois bien que c'est déjà fait. J'ai l'honneur d'enseigner le droit depuis vingt-cinq années. Or les professeurs de droit sont tous suspects aux socialistes. L'un de ceux-ci, et des plus qualifiés, M. A. Mater, dans un article de la *Revue socialiste*, déclare que « c'est avec raison que l'on regarde le droit comme un instrument de la classe bourgeoise, l'étude du droit comme une discipline conservatrice et les juristes comme des réactionnaires professionnels,... que les professeurs de droit, rémunérés par l'État, sont obligés de ménager la clientèle riche, qui seule assiste à leurs cours et achète leurs livres ». Ce n'est pas tout. M. A. Mater, ayant cherché à notre adresse une plus cruelle injure encore, n'a trouvé rien de mieux que de nous mettre... dans le même sac que les prêtres et les guerriers. Il espère en effet « que dans le nouveau régime économique, les juristes ne subsisteront pas plus que les pontifes et les guerriers [1] ».

Je n'ai pas besoin de vous dire que ces attaques me laissent totalement indifférent.

---

1. A. Mater, *Le socialisme juridique*, *Revue socialiste*, XL (juillet-décembre 1904), p. 9 et 40.

Mais assurément ces conférences ne feront qu'exciter la haine vigoureuse de M. A. Mater contre les juristes. Je me propose en effet de soutenir que la doctrine de la lutte des classes est une doctrine abominable, et que si la classe bourgeoise n'a point le droit de posséder à titre exclusif les instruments de production, la classe ouvrière, la collectivité ne l'ont point davantage, que ni les classes, ni la société, ni les individus eux-mêmes n'ont comme tels aucun droit.

Je dis : ni les individus. Et voilà pourquoi, brouillé avec les socialistes, je crains maintenant de me brouiller avec les juristes orthodoxes. Ils ne sont point sans doute les réactionnaires professionnels que dit M. A. Mater. Mais il n'est pas douteux, que la plupart d'entre eux, nourris de romanisme, enclins à voir dans le Digeste, dans Pothier et dans le Code Napoléon le dernier mot de la sagesse humaine, veulent donner comme première assise à toute société civilisée le droit de l'individu, *le droit subjectif*, le pouvoir pour l'individu d'imposer sa personnalité comme telle et à la société et aux autres individus. Ce droit de l'individu leur apparaît même cristallisé en une forme rigide, qu'avaient modelée les juristes romains et qu'adopta le Code Napoléon, la propriété individuelle, qui forme comme la synthèse de tous les droits individuels.

Or, je me propose de soutenir que si la société n'a pas de droits, que si les diverses classes sociales n'en ont pas, l'individu n'en a pas davantage. J'estime que la notion de *droit subjectif*, c'est-à-dire la notion d'un pouvoir appartenant à une personne d'imposer à une autre sa propre personnalité, est une notion d'ordre métaphysique, qui ne doit pas avoir sa place dans l'organisation positive des sociétés modernes. Ce concept de droit subjectif, que d'aucuns nous présentent comme une vérité absolue, n'a été qu'un moment dans l'histoire éternellement changeante des institutions et des idées, un moment important, je le veux bien, mais rien de plus. Mettons que venue à son heure elle a joué dans le monde un rôle important et rendu d'immenses services. Mais aujourd'hui son règne est fini. J'estime que ceux qui veulent encore fonder un système politique et civil sur cette conception caduque préparent une législation sans valeur pratique et édifient en dehors des faits une technique juridique qui n'est qu'une scolastique creuse. En un mot je pense qu'est en train de s'élaborer une société nouvelle, de laquelle seront exclues à la fois la notion d'un droit appartenant à la collectivité de commander à l'individu et la notion d'un droit appartenant à l'individu d'imposer sa personnalité à la collectivité et aux autres individus. Et, si pour les besoins de l'exposition nous personnifions la collectivité dans l'État, je nie à la fois le droit subjectif de l'État et le droit subjectif de l'individu.

Aussi bien, le titre qui à défaut d'autre a été donné à ces conférences, n'est-il point exact. En parlant de *droit social* et de *droit individuel*, je n'ai point l'intention de proposer après mille autres un nouveau système pour concilier les droits de la collectivité et les droits de l'individu, mais seulement de montrer que ni la collectivité ni l'individu n'ont de droits, qu'il n'y a ni droit social, ni droit individuel.

I

LA RÈGLE DE DROIT OU DROIT OBJECTIF

Ne croyez pas cependant que dans ma pensée rien ne vienne dans le monde social limiter la force matérielle, que je ne voie dans nos sociétés modernes que des conflits d'appétits, des chocs de forces brutales, que j'estime que l'individu ou le groupe le mieux armé et le plus fort crée le droit par son triomphe même. Je ne suis point un Nietzche au petit pied. J'ai au contraire la conviction profonde que les hommes, par cela même qu'ils font partie d'un groupe social et même de l'humanité tout entière, sont soumis à une règle de conduite qui s'impose à eux. Je pense que les individus n'ont pas de droits, que la collectivité n'en a pas davantage, mais que tous les individus sont obligés, parce qu'ils sont des êtres sociaux, d'obéir à la règle sociale, que tout acte individuel violant cette règle provoque nécessairement une réaction sociale, qui suivant les temps et les pays revêt des formes diverses, et que tout acte individuel conforme à cette règle reçoit une sanction sociale, qui elle aussi varie suivant les temps et les pays.

Cette règle sociale, quelque nom et quelque fondement qu'on lui donne, existe certainement, ne peut pas ne pas exister, car sans elle la société n'existerait point. Toute société est une discipline ; et comme l'homme ne peut vivre sans société, il ne peut vivre que soumis à une discipline. Mon intention n'est point ici de démontrer plus longuement la réalité de cette règle, ni d'en déterminer le fondement. J'ai tenté de le faire ailleurs [1]. Aussi bien cette salle est-elle encore remplie des accents éloquents avec lesquels M. Léon Bourgeois, M. Darlu, M. Rauh, M. Gide, affirmaient naguère encore le principe de solidarité et en développaient les principales applications [2]. Je crois bien en effet que la règle sociale dont je parle a pour fondement le fait de la solidarité sociale, que je n'entends pas tout à fait

1. Cf. mon volume intitulé *L'État, le droit objectif et la loi positive*, 1901, particulièrement les chapitres I et II.

2. *Essai d'une philosophie de la solidarité*, conférences et discussions, 1901-1902 : *Les applications sociales de la solidarité*, conférences, 1902-1903. (Paris, Félix Alcan.)

cependant comme les éloquents orateurs dont
je viens de citer les noms. Je ne vois pas
notamment comment peut intervenir ici l'idée
d'un quasi-contrat, qu'on a souvent invoquée.
Je ne vois pas ce que cette expression, que
l'on détourne du sens précis qu'elle a dans la
technique du droit romain et du Code civil,
ajoute de précision à la notion de solidarité
sociale. Dans la solidarité je ne vois que le fait
d'interdépendance unissant entre eux par la
communauté des besoins et la division du travail les membres de l'humanité et particulièrement les membres d'un même groupe social.
J'ajoute qu'on a fait depuis quelques années un
abus si étrange de ce beau mot de solidarité
que j'hésite maintenant à l'employer. Il n'y a
pas de politicien de village qui ne parle de la
solidarité sociale, sans comprendre au reste
la portée de ces mots. Aussi préféré-je dire
l'interdépendance sociale.

Les hommes sont donc soumis à une règle
sociale fondée sur l'interdépendance qui les
unit. Cette règle il faut nécessairement qu'elle
existe. Si l'on en contestait le fondement, je
n'hésiterai pas à la *postuler* comme disent
les philosophes. De même qu'Euclide a fondé
tout son système de géométrie sur le postu-

lat des parallèles, de même l'homme moderne
peut-il fonder tout le système politique et
social sur le postulat d'une règle de conduite s'imposant à tous.

J'ajoute seulement sur ce point deux observations. D'abord cette règle de conduite n'est
point une règle de morale, mais bien une
règle de droit. Elle ne s'applique qu'aux
manifestations extérieures de la volonté humaine ; elle ne s'impose point à l'homme
intérieur ; elle est la règle de ses actes exté-
rieurs, et non pas celle de ses pensées et de
ses désirs, ce que doit être au contraire toute
règle de morale. De plus, elle n'impose à
l'homme que les actes ayant une valeur sociale
et parce qu'ils ont cette valeur. Notre règle
n'est point fondée sur l'idée que l'on se forme
d'une certaine qualité en soi de l'acte com-
mandé ou défendu, mais sur l'effet social qu'est
susceptible de produire tel ou tel acte individuel. Notre règle est comme la loi organique
de la vie sociale, sans donner d'ailleurs à ces
expressions plus de portée que celle d'une
simple métaphore.

On voit par là en même temps, et c'est
ma seconde observation, quelle différence
profonde sépare ma conception d'une règle

sociale, que j'appelle la règle de droit, de
l'ancienne conception du droit naturel [1].
Celle-ci est la conception d'un droit idéal,
absolu, vrai d'une vérité géométrique, dont
les hommes doivent travailler à se rapprocher
constamment davantage. Notre règle de droit
au contraire n'a rien d'absolu. Elle n'est point
un idéal, mais un fait. Elle est essentiellement changeante comme les sociétés humaines ; elle dérive de leur structure infiniment variable ; c'est dire qu'elle varie avec
les formes de vie si diverses que nous présentent les sociétés humaines.

Enfin la doctrine traditionnelle du droit
naturel repose sur la reconnaissance à tout
individu humain de certains droits qui lui
appartiendraient naturellement, à cause de sa
qualité d'homme, à cause, suivant l'expression
du regretté Henry Michel [2], de l'éminente
dignité de la personne humaine. Ces droits
je les repousse énergiquement parce que ce
sont des concepts métaphysiques *a priori*, qui
ne peuvent point servir de fondement à un
système politique positif.

1. Cf. Gény, compte rendu de mon livre, L'État, le droit
objectif, dans *Revue critique de la législation*, 1901, p.508.
2. *L'idée de l'État*, 1896, p. 646.

Bien plus, cette règle sociale ne peut fonder ni au profit de l'individu, ni au profit de la société de véritables droits. Elle implique seulement le pouvoir pour les individus, qui détiennent la force, d'organiser une réaction sociale contre ceux qui violent cette règle. Elle implique aussi pour tous le pouvoir d'accomplir librement les obligations qu'elle impose. En un mot elle ne donne à aucune personne, ni à la collectivité, ni à l'individu, des droits subjectifs, c'est-à-dire le pouvoir d'imposer comme telle sa personnalité, personnalité collective, ou individuelle. Elle fait seulement à tout individu, dans le milieu social, une certaine situation étroitement dépendante de celle des autres, et qui l'astreint à une certaine attitude active ou passive. Elle implique pour tous un certain état dérivant d'elle et que nous pourrions qualifier de *situation objective* pour l'opposer au *droit subjectif* que je nie. Ainsi personne n'a dans le monde social d'autre pouvoir que celui d'exécuter la besogne que lui impose la règle sociale, ou, si l'on veut, que lui impose la situation qu'il a dans le système d'interdépendance unissant les membres d'un même groupe social.

Si vous voulez bien accepter ces expres-

sions de *droit subjectif* et de *droit objectif*, je
dirai en deux mots qu'aujourd'hui, à mon sens,
est en train de se constituer une société d'où
la conception métaphysique de *droit subjectif*
est exclue pour faire place à la notion de *droit
objectif*, impliquant pour chacun l'obligation
sociale de remplir une certaine mission et le
pouvoir de faire les actes qu'exige l'accomplissement de cette mission.

Cette doctrine, je l'ai développée il y a déjà
sept années, à une époque [1], où, je dois
l'avouer, je n'avais pas encore lu le *Système de
politique positive* d'Auguste Comte. J'y ai été
confirmé par la lecture du passage suivant, que
je voudrais bien qu'on affichât... à la Chambre
des Députés : « Le mot *droit*, écrit Auguste
Comte, doit être autant écarté du vrai langage
politique que le mot *cause* du vrai langage
philosophique. De ces deux notions théologico-
métaphysiques, l'une (celle de droit) est
désormais immorale et anarchique, comme
l'autre (celle de cause) est irrationnelle et
sophistique... Il ne peut exister de droit
véritable qu'autant que les pouvoirs réguliers
émanèrent de volontés surnaturelles. Pour

1. Voir le livre déjà cité : *L'État, le droit objectif et la
loi positive*, 1901.

lutter contre ces autorités théocratiques, la métaphysique des cinq derniers siècles introduisit de prétendus droits humains qui ne comportaient qu'un office négatif. Quand on a tenté de leur donner une destination vraiment organique, ils ont bientôt manifesté leur nature anti-sociale en tendant toujours à consacrer l'individualité. Dans l'état positif qui n'admet pas de titre céleste, l'idée de droit disparaît irrévocablement. Chacun a des devoirs et envers tous, mais personne n'a aucun droit proprement dit... En d'autres termes nul ne possède plus d'autres droits que celui de toujours faire son devoir[1] ».

Ainsi sur le fondement de l'élimination des droits subjectifs se constitue un nouveau régime politique et social. C'est ce que je voudrais essayer de montrer dans la suite de ces conférences.

1. Auguste Comte, *Système de politique positive*, édit. 1890, I, p. 361.

II

CARACTÈRE MÉTAPHYSIQUE DE LA NOTION DE DROIT SUBJECTIF

J'ai déjà défini le *droit subjectif* le pouvoir reconnu d'une personne de s'imposer comme telle à d'autres personnes, quelle que soit d'ailleurs la personne considérée, individuelle ou collective. De la personne titulaire du droit on dit qu'elle est le *sujet* de ce droit ; de la personne à laquelle on oppose le droit, on dit quelquefois qu'elle est le *sujet passif* de ce droit. La définition que j'ai donnée du droit subjectif se présente avec des variantes où l'on aperçoit aisément l'influence de la doctrine hégélienne. Ainsi l'on dit parfois que le droit subjectif est le pouvoir d'une volonté collective ou individuelle de s'imposer comme telle à une autre volonté[1]. Définition qui revient à la première, parce que l'on considère alors la

---

1. Jellinek, *System der subjektiven öffentlichen Rechte,* 2ᵉ édit., 1905, p. 4.

manifestation par excellence de la personnalité, l'acte de volonté. A ces définitions on a opposé la doctrine de Ihering, dont la formule est bien connue : « Les droits sont des intérêts juridiquement protégés[1] ». Ihering veut dire : des intérêts protégés par l'intervention réglée de la force collective. Sur cette définition un professeur très distingué, M. Michoud, a essayé d'édifier toute une théorie pour démontrer que l'existence d'un droit subjectif n'implique pas l'existence d'une volonté titulaire de ce droit, et que par conséquent peuvent avoir la personnalité juridique des éléments dénués de volonté[2]. Mais notre savant collègue n'a pas vu que la définition de Ihering, si elle n'est point inexacte, est incomplète. Le droit subjectif peut avoir en effet pour support un intérêt; mais cet intérêt ne peut constituer un droit que lorsqu'il est voulu et un droit au profit seulement de la personne qui le veut[3]. La définition de Ihe-

1. Ihering, *Esprit du droit romain*, édit. française, 1878, IV, p. 326.

2. Michoud, *Théorie de la personnalité morale*, 1906-1909.

3. Malgré qu'il en ait, M. Michoud arrive lui-même à cette conséquence. A la page 105 de son beau livre, *La théorie de la personnalité morale*, I, il définit le droit subjectif, « l'intérêt d'un homme ou d'un groupe d'hommes, juridiquement protégé au moyen de la puissance reconnue

ring en fin de compte revient à la nôtre, et l'essence du droit subjectif est bien un pouvoir de volonté, un *Wollendürfen*, un *Wollenkönnen*, comme disent les Allemands, sans que d'ailleurs je veuille rechercher la distinction extrêmement subtile qu'ils font entre ces deux expressions [1].

Par là on voit que la reconnaissance des droits subjectifs implique l'existence de cer-

à une volonté de le représenter et de le défendre ». A la page 113, il écrit que les intérêts collectifs et permanents de groupements humains peuvent être élevés à la dignité de droits subjectifs, et le groupement traité comme une personne morale, à la condition qu'il y ait une organisation capable de dégager une volonté collective qui puisse représenter et défendre cet intérêt. Enfin aux pages 131 et 132 : « En face de cette théorie (la théorie du mandat), les Allemands en ont imaginé une autre, beaucoup plus subtile et élégante, *plus vraie aussi croyons-nous :* la théorie de *l'organe...* Quand il y a organe, c'est la personne juridique *qui agit elle-même ;* son organe n'est pas quelque chose qui soit distinct d'elle; il est une partie d'elle-même..., car *l'organisàtion* dont il est le produit appartient à *l'essence de la personne morale.* » Ainsi notre savant collègue ne reconnaît de droits subjectifs aux collectivités qu'à la condition qu'un organe dégage une volonté collective qui puisse représenter et défendre cet intérêt. Quand cet organe existe, comme il est une partie de la personne collective elle-même, comme il appartient à l'essence de la personne morale, c'est la personne juridique *qui agit elle-même.* M. Michoud veut dire évidemment que c'est la personne juridique *elle-même* qui fait valoir son intérêt, qui *veut* son intérêt. Ainsi pour lui le droit subjectif est bien *un intérêt voulu par la personne même bénéficiaire de cet intérêt.* Et nous ne disons pas autre chose.

1. Cf. Jellinek, *System,* 2° édit., 1905, p. 47.

taines volontés, qui sont comme telles supérieures à d'autres volontés, de certaines volontés qui sont d'une essence particulière. Quand on dit par exemple que la puissance publique, que la propriété sont des droits subjectifs, ou cela n'a pas de sens ou cela veut dire que la volonté de la personne titulaire du droit de puissance publique, du droit de propriété est, de sa nature, supérieure à la volonté des personnes auxquelles s'impose le droit de puissance publique ou le droit de propriété. Dès lors apparaît bien tout ce qu'a de métaphysique et de scolastique cette notion de droit subjectif. Tous les concepts sans valeur d'essence, de substance réapparaissent. Et Auguste Comte avait cent fois raison de dire que la notion de droit (subjectif) n'était possible qu'avec l'acceptation d'une puissance supra-terrestre conférant ces droits, mais qu'elle ne pouvait être conservée dans le stade positif de l'évolution générale des sociétés humaines.

Si cette notion de droit subjectif s'est maintenue jusqu'à nos jours, c'est assurément par l'armature puissante dont les juristes romains l'ont revêtue. Du pouvoir de fait d'imposer aux individus une plus grande force, ils ont fait deux droits subjectifs, l'*imperium* ou la puissance publique, quand ce pouvoir appartient à la collectivité ou à ses représentants, le *dominium* ou la propriété, quand ce pouvoir appartient à des individus. Et les parties de la doctrine étaient si fortement liées ensemble qu'on y a longtemps vu et que beaucoup y voient encore des vérités absolues, quand ce n'étaient que les solutions contingentes de problèmes sociaux bien différents de ceux qui se posent aujourd'hui.

L'*imperium*, c'est le droit subjectif de commander, droit absolu, indivisible, existant par lui-même. C'est la puissance publique s'imposant sans d'autre raison que celle-ci : elle est la puissance publique. Elle a eu pour titulaire la cité, le peuple romain, l'empereur; peu importe. Investi de l'*imperium* le représentant de la collectivité impose sa volonté, et cela constitue son droit. Cette volonté se manifeste sous des formes diverses : elle légifère, elle administre, elle juge. Ce sont là des modalités qui n'affectent point le caractère essentiel de cette volonté : elle peut s'imposer aux individus parce qu'elle est supérieure à leur propre volonté.

Quant aux droits de l'individu, ils se synthétisent dans le *dominium*, dont la construction est encore peut-être plus fortement cimentée que celle de l'*imperium*. C'est le pouvoir absolu appartenant à certains individus de disposer d'une certaine quantité de richesse et d'imposer à quiconque le respect de ce pouvoir. C'est un droit absolu dans ses effets : il comprend les droits d'user, de jouir et de disposer. C'est un droit absolu dans son exercice : il s'impose au respect de tous. C'est un droit absolu dans sa durée : il ne peut recevoir ni terme, ni condition résolutoire ; et il implique le pouvoir de disposer après décès. D'autre part nul ne peut être grevé d'une charge au profit d'un autre individu et nul ne peut exiger de quiconque l'accomplissement d'une charge que lorsqu'un contrat ou un quasi-contrat est intervenu, rentrant dans un des cadres légalement reconnus. A cela une seule exception est faite : la volonté peut être obligée en dehors d'un contrat quand une certaine faute a été commise.

Et ainsi tout le système avait été puissamment construit sur la notion métaphysique *a priori* de droit subjectif. Il a traversé les siècles. L'*imperium* et le *dominium* ont été cependant considérablement amoindris pendant la période féodale, et l'on a pu voir, à un moment très court de notre histoire, au XIIIe siècle, une vaste société très cosmopolite, hiérarchisée et intégrée, d'où ces notions romaines de puissance publique et de propriété absolue, d'*imperium* et de *dominium*, étaient à peu près exclues. Mais lentement la monarchie française et ses légistes les ont réédifiées. A la fin du XVIIIe siècle l'édifice était entièrement rebâti; la Révolution et Napoléon n'avaient qu'à y entrer. L'*imperium* et le *dominium* recevaient de la législation révolutionnaire, des lois administratives du Consulat et de l'Empire, et surtout du Code civil, une structure, sur le modèle romain, encore plus solide et plus résistante que celle qui l'avait précédée.

Mais je crois bien que c'était pour la dernière fois. J'estime et c'est ce que je voudrais montrer dans la suite de ces conférences, qu'aujourd'hui la société française va se débarrasser définitivement de ces concepts métaphysiques de *dominium* et d'*imperium*, élaborer un régime politique duquel sera complètement éliminée la notion de puissance publique, et un régime économique et social duquel sera complètement éliminée aussi la notion de *do-*

minium, c'est-à-dire la notion de propriété, droit subjectif de l'individu. Je ne dis pas que la propriété individuelle disparaisse ; je dis seulement qu'elle cesse d'être un droit individuel pour devenir une fonction sociale. J'insisterai d'ailleurs exclusivement sur la transformation du régime politique.

III

INEXISTENCE DE LA PUISSANCE PUBLIQUE
CONÇUE COMME DROIT SUBJECTIF

Je sais bien ce qu'il y a de paradoxal pour
un juriste, et surtout pour un professeur de
droit public, à soutenir que la puissance publique n'existe pas, que c'est une notion qui
ne répond point à la réalité, une notion qui
fort heureusement est en train de disparaître,
et disparaîtra sûrement dans un avenir très
prochain. Et cependant, j'en suis profondément convaincu. La puissance publique n'est
qu'une forme scolastique vide, un concept qui,
à une certaine époque, a répondu à un besoin,
a rendu des services, mais qui aujourd'hui
est inutile et dangereuse.

Que l'affirmation de la puissance publique
soit un pur *a priori*, il suffit pour s'en con-
vaincre de lire les propositions des plus savants
maîtres du droit public en Allemagne et en
France. Je n'en citerai que deux, M. Jellinek

pour l'Allemagne, M. Esmein pour la France.
Le premier écrit : « La puissance publique est
une puissance qui commande, qui ne dérive
pas de plus loin, qui existe par sa propre force
et ainsi un droit propre [1]. » Et M. Esmein :
« Ce qui constitue en droit une nation, c'est
l'existence dans cette société d'hommes d'une
autorité supérieure aux volontés individuelles.
Cette autorité, qui naturellement ne reconnaît
point de puissance supérieure ou concurrente
quant aux rapports qu'elle régit, s'appelle
souveraineté [2]. » M. Esmein parle de souveraineté ; M. Jellinek de puissance publique
(*Staatsgewalt*). Je ne recherche point s'il y a
une différence entre les deux [3]. Les savants
auteurs ont certainement en vue l'un et l'autre la puissance commandante de la collectivité
personnifiée, et leur formule, on le voit, n'est
que l'affirmation *a priori* de cette puissance
publique conçue comme droit subjectif [4].

1. Jellinek, *Allgemeine Staatslehre*, 2ᵉ édit., 1906,
p. 446.
2. Esmein, *Droit constitutionnel*, 4ᵉ édit., 1906, et
5ᵉ édit., 1909, p. 1.
3. Cf. mon *Manuel*, p. 112-144, et la bibliographie qui
y est donnée.
4. Sur la question de la souveraineté, cf. *Libres entretiens*, 17 novembre 1907, *État et gouvernement*. — M. Hauriou, nous le constatons avec un plaisir très vif, a fait,

Cependant cette puissance commandante, on a essayé de la justifier. On n'a trouvé que

dans la 6ᵉ et dernière édition de son *Droit administra-tif*, 1907, un pas notable vers la négation complète de la souveraineté. Il écrit en effet à la page ix de la préface : « Ainsi le moment est venu d'envisager l'État, non plus comme une souveraineté, non plus comme une loi, mais comme une institution ou un ensemble d'institutions ou, plus exactement encore, comme l'institution des institu-tions. Et, bien entendu, nous n'irons pas dire : « Il n'y a « plus de souveraineté » ou bien « il n'y a plus de loi » ou encore « la souveraineté ou la loi ne sont plus des éléments « essentiels de l'État ». Nous tenons toujours la souverai-neté ou la loi pour des éléments essentiels de l'État, mais ils ne sont plus au premier rang et ne jouent plus le premier rôle dans la combinaison pratique des forces. » Ce n'est pas peu de chose que le théoricien par excellence de la puissance publique reconnaisse que « la souveraineté et la loi ne sont plus au premier rang et ne jouent plus le premier rôle... » Dans ses *Principes de droit public*, 1910, M. Hauriou aboutit sur beaucoup de points à des solutions analogues à celles que j'ai proposées. A la page 69 il écrit : « Les doctrines de M. Duguit inutilisables dans la cons-truction technique du droit conservent une grande valeur dans la philosophie juridique... Elles ont rendu aux juristes le très grand service de secouer violemment les idées reçues en matière de personnification de l'État, de volonté de l'État créatrice du droit... Elles ont contribué à arrêter dans le droit public le développement excessif du droit subjectif. » Dans le sommaire du chapitre ii, page 70, M. Hauriou écrit : « Il faut écarter provisoirement la don-née de la personnalité juridique et envisager l'État comme une nation aménagée en régime d'État. » A la page 66, après m'avoir reproché de vouloir éliminer « toute auto-rité sociale et toute fonction sociale », M. Hauriou ajoute « que le danger n'est pas dans l'autorité sociale mais seu-lement dans la personnification de cette autorité ». Je cite enfin la page 225 où M. Hauriou écrit : « Peu de faux dogmes ont eu une action aussi néfaste que celui-là (le dogme de la toute puissance de la volonté générale com-

deux explications, le droit divin et la souveraineté nationale. Du droit divin, il ne vaut même pas la peine de parler. Il est évident que, l'explication est sans valeur. Mais celle tirée de la volonté nationale ne vaut pas davantage. Auguste Comte a pu très justement écrire : « En un mot cette loi (la loi de la politique positive) exclut avec la même efficacité l'arbitraire théologique ou le droit divin des rois, et l'arbitraire métaphysique ou la souveraineté du peuple. » Ainsi il y a plus d'un demi-siècle Auguste Comte avait déjà de sa main puissante ébranlé le dogme de la souveraineté nationale [1]. Tous les dogmes qu'ils

mandante. » Je pourrai multiplier les citations; celles qui précèdent suffisent pour montrer que comme moi-même, M. Hauriou s'efforce d'aller aux faits et d'éliminer toutes les conceptions artificielles. Peut-être nous séparons-nous dans l'interprétation de certains faits. Peut-être M. Hauriou fait-il à mon sens une part encore trop large à la personnalité collective comprise comme élément de construction juridique. Peut-être sa conception de l'ordre et de l'équilibre est-elle critiquable et sa notion d'institution bien obscure. Mais au fond tout cela est secondaire. L'essentiel c'est que nous soyons rencontrés sur la même voie et dans la même direction. Cf. Max. Leroy, *Les transformations de la puissance publique*, 1907.

1. *Système de politique positive*, édit. 1895, appendice, p. 103. Avant Comte, Saint-Simon avait écrit : « L'expression *souveraineté par la volonté du peuple* ne signifie rien que par opposition à *souveraineté par la grâce de Dieu...* Ces deux dogmes antagonistes n'ont qu'une existence réciproque. Ils sont les restes de la longue guerre métaphy-

soient religieux ou politiques, meurent ainsi
les uns après les autres et comme l'a montré
M. Séailles [1], ils ne renaissent point.

Cependant on essaie encore de justifier le
principe de la souveraineté nationale, et toutes
les explications qu'on en donne se ramènent
au sophisme de Rousseau. Sans doute on ne
parle plus du contrat social; l'expression est
démodée. Mais on dit participation volontaire
des individus à la collectivité; et le contrat
social de J.-J. Rousseau n'était point autre
chose. « (Par le contrat) disait Jean-Jacques,
il se forme un corps moral et collectif..., lequel
reçoit de ce même acte son unité, *son moi
commun*, sa vie, sa volonté. Cette personne
publique qui se forme ainsi par l'union de
toutes les autres prenait autrefois le nom de
Cité, et prend maintenant celui de République ou de corps politique, lequel est appelé

---

sique qui eut lieu dans toute l'Europe occidentale, depuis
la Réforme, contre les principes politiques du régime
féodal... La métaphysique du clergé a mis en jeu la métaphysique des légistes destinées à lutter contre elle. Mais
cette lutte est aujourd'hui terminée. » (*Du système industriel, 1re lettre au roi, OEuvres*, édit. Dentu, 1869, V,
p. 210 et 211).

1. Séailles, *Les affirmations de la conscience moderne*,
1906, l'article intitulé : *Pourquoi les dogmes ne renaissent
pas ?* p. 1 et suiv.

par ses membres État, quand il est passif,
Souverain quand il est actif ¹... »

Que l'on rapproche de ce passage bien
connu de Rousseau la dernière justification
qui ait été proposée de la souveraineté nationale, on verra qu'elle n'en diffère que par la
forme : « La souveraineté nationale, écrit
M. Esmein, est la seule interprétation juridique exacte et adéquate d'un fait social incontestable et qui s'impose... (la puissance de
l'opinion publique)... Placer la *souveraineté
légale* là où réside nécessairement la souveraineté de fait ou d'opinion..., c'est traduire
dans le droit aussi exactement que possible le
fait inévitable. Reconnaître la souveraineté
nationale..., c'est donner à l'opinion publique
force supérieure, une expression précise, une
valeur juridique, une autorité légale ². »

Ces explications ressemblent à celles des
anciens psychologues, qui, pour rendre raison des phénomènes d'ordre psychologique,
plaçaient derrière eux une substance pensante
qu'on appelait l'âme. Les théoriciens politiques, pour justifier un état de fait, la force

1. *Contrat social*, liv. I, chap. IV.
2. Esmein, *Droit constitutionnel*, 4ᵉ édit., 1906, p. 211
et 5ᵉ édit., 1909, p. 239.

gouvernante, affirment l'existence derrière elle d'une substance souveraine, la personnalité de la nation. Ils parlent de l'âme nationale, substance souveraine, et de ses attributs, comme on parlait autrefois de l'âme individuelle substance pensante et de ses facultés. Ce ne sont là que formules scolastiques[1], qui s'évanouissent au simple examen de la réalité. Il n'est pas nécessaire d'insister longtemps pour le montrer.

On est d'accord pour reconnaître que la manifestation par excellence de la puissance publique est la loi. Or, comment la loi est-elle faite en réalité ? Si elle est votée directement par le peuple, il se forme nécessairement une majorité et une minorité, et c'est la majo-

1. M. Le Fur, par exemple, écrit dans son beau livre : *L'État fédéral*, p. 596 : « Cette distinction entre la *substance* de la souveraineté, seule une et indivisible, comme ne pouvant appartenir qu'à une personne morale, elle-même une et indivisible, l'État, et l'*exercice* de la souveraineté parfaitement divisible, est essentielle... » (Rap., p. 601 et 650). L'expression *attributs de la souveraineté* se rencontre fréquemment dans les *Éléments de droit constitutionnel* de M. Esmein, par exemple 4ᵉ édit, 1906, p. 6, 19, 218, 222, 223, 224, etc... Or chacun sait la place importante qu'occupaient dans la philosophie scolastique ces notions de *substance* et d'*attributs*. Saint Thomas définit la substance : « ... Essentiam cui competit sic *esse*, id est, per se *esse* » (*Somme théologique*, partie I, question III, art. 5, édit. Lachat, I, p. 66). Cette philosophie n'est plus aujourd'hui enseignée que dans les séminaires.

rité qui vote la loi. La loi n'est donc pas dans
la réalité l'émanation de la volonté générale ;
elle est faite seulement par la majorité des
individus composant l'assemblée du peuple.
Rousseau et après lui des hommes politiques
et des théoriciens ont dit : « Quand l'avis
contraire au mien l'emporte, cela ne prouve
pas autre chose, sinon que je m'étais trompé et
que ce que j'estimais être la volonté générale
ne l'était pas [1]. » L'affirmation est hardie. Qui
ne voit qu'elle est un pur sophisme ? Le fait
reste toujours là : la loi votée par l'assemblée
du peuple est une loi votée par une majorité ;
c'est la volonté d'un certain nombre d'individus qui prétend s'imposer comme telle à d'autres individus. Mais, dites-vous, cette assemblée est une personne dont la majorité
exprime la volonté ; et c'est cette volonté collective qui s'impose. Vous n'en savez rien.
Cette volonté collective, vous l'affirmez, vous
ne la démontrez pas ; et si la psychologie
positive a définitivement rejeté le concept
d'âme individuelle [2], je ne vois pas comment
la politique peut maintenir le concept d'âme
collective. Il y a une loi votée par une majo-

1. *Contrat social*, liv. IV, chap. II.
2. Cf. notamment Binet, *L'âme et le corps*, 1906.

rité, par 10.000 citoyens par exemple qui s'impose à 5.000 autres, je suppose ; il y a cela et rien de plus. Que la force du nombre soit un fait, un fait d'importance primordiale, c'est incontestable. Qu'il faille assurer à tous le pouvoir de participer à la confection de la loi, j'y donne les mains. Mais que la force du nombre crée le droit subjectif de puissance publique, je le nie absolument.

Avec le régime représentatif, c'est bien mieux. Même dans les pays de suffrage universel, les lois sont en général votées par un nombre de députés qui ne représente que la minorité, non seulement du pays, mais même du corps électoral. Cela a été démontré souvent, et je passe rapidement. Le corps électoral français comptant en chiffres ronds 11 millions d'électeurs, la Chambre élue en 1902 représentait 5 millions d'électeurs, c'est-à-dire à peu près 47 pour 100 du corps électoral, et les lois les plus importantes, par exemple la loi du 9 décembre 1905 sur la séparation des Églises et de l'État, ont été votées par 341 députés représentant exactement 2.647.315 électeurs, c'est-à-dire moins du quart du corps électoral[1].

1. *Le Proportionnaliste*, 1er juillet 1905. — A la Chambre élue en avril-mai 1910, 5.300.000 suffrages seulement sont

Ce qu'il y a tout à la fois de fictif et de dangereux dans le faux dogme de la souveraineté nationale fondé sur la loi du nombre a été bien souvent mis en relief et je ne veux pas m'étendre davantage [1]. Mais je ne puis pas ne pas citer ce que disait à ce sujet M. Clemenceau, Président du Conseil, dans l'éloquent discours qu'il prononçait le 11 février dernier à l'inauguration du monument de l'illustre Scheurer-Kestner. Rappelant le rôle joué par le grand citoyen dans l'affaire Dreyfus, « le

représentés : le corps électoral comptant près de 12 millions d'électeurs, 55 p. 100 des citoyens français ne sont pas représentés.

1. Pour M. Esmein au contraire, « la loi de majorité est une de ces idées simples qui se font accepter d'emblée ; elle présente ce caractère que d'avance elle ne favorise personne et met tous les votants sur le même rang » (*Droit constitutionnel*, 4e édit., 1906, p. 225 et 5e édit., 1909, p. 253). — Voici ce que Proudhon pensait du suffrage *majoritaire* : « Si la monarchie est le marteau qui écrase le peuple, la démocratie est la hache qui le divise ; l'une et l'autre concluent également à la mort de la liberté. Le suffrage universel est une sorte d'atomisme par lequel le législateur ne pouvant faire parler le peuple dans l'unité de son essence, invite les citoyens à exprimer leur opinion par tête, *viritim*... C'est l'athéisme politique dans la plus mauvaise signification du mot, *comme si de l'addition d'une quantité quelconque de suffrages, pouvait jamais résulter une pensée générale*... Le moyen le plus sûr de faire mentir le peuple, c'est d'établir le suffrage universel... Quoi qu'on fasse et quoi qu'on dise, le suffrage universel, témoignage de la discorde, ne peut produire que la discorde » (*Solution du problème social*, t. VI des *OEuvres complètes*, 1868, p. 62 et 63).

sort en était jeté, a dit M. le Président du Conseil. Déjà la foule d'instinct courait au parti
de Barrabas. Ici la pensée s'arrête anxieuse.
Le nombre, le suffrage universel en défaut !
n'est-ce pas là la loi même de la démocratie qui
se trouve mise en question ? Quoi ! nous ré-
clamons pour l'opinion publique une puissance de gouvernement et nous glorifions qui
osa lui résister ; nous célébrons la victoire
d'un seul sur la majorité... Eh bien ! non, hâ-
tons-nous de le dire, la démocratie n'est pas
le gouvernement du nombre, au sens où le
mot de gouvernement est entendu par les partisans de l'autocratie... Il faut bien que la
démocratie soit d'abord le gouvernement de
la raison, puisque le problème fondamental
qu'elle nous pose à toute heure est de mettre
l'homme en état de se gouverner lui-même
selon la moyenne des facultés communes de
raisonnement. Cette moyenne changeante,
c'est à des majorités successives que nous de-
mandons de la dégager plus ou moins heureusement. Mais si nous attendions de ces
majorités d'un jour l'exercice de la puissance
qui fut celle de nos anciens rois, nous n'au-
rions fait que changer de tyrannie [1]. »

1. *J. Officiel*, nᵒ 13 février 1908.

IV

DANGER SOCIAL DE CE CONCEPT

Donner à la nation, ou plutôt à la majorité qui exprime sa prétendue volonté, l'exercice de la puissance qui fut celle de nos anciens rois, la Révolution achevée en 1848 n'a point fait autre chose. La Révolution a-t-on dit, a substitué le droit divin du peuple au droit divin du roi. Prise à la lettre la formule n'est point exacte. Mais elle exprime bien cependant la vérité historique : elle signifie que la Révolution a pris la notion de puissance publique telle que les légistes de l'ancienne France l'avaient empruntée au droit romain et restaurée au profit du roi, qu'elle a accepté cette puissance publique avec tous ses caractères de droit absolu, indivisible, inaliénable, imprescriptible, et qu'elle n'a fait qu'en changer le titulaire. Elle appartenait au roi ; elle appartiendra désormais à la nation personnifiée, exprimant sa volonté par la majorité du corps électoral.

Le lieu n'est point ici de montrer comment s'est élaborée dans notre histoire cette notion de puissance publique. Je rappelle seulement qu'elle vint répondre au besoin d'unification et de fusion des divers éléments sociaux. Jamais l'idée romaine d'*imperium* ne disparut complètement pendant le régime féodal. A mesure que le roi de France étendit son domaine, l'idée s'affirma plus nettement. Et comme dans la conception féodale la puissance se rattachait à la propriété, les légistes de la couronne forgèrent une théorie de la souveraineté royale en amalgamant les éléments de l'*imperium* et du *dominium*. Elle devint un droit subjectif, et en partie patrimonial, dont le roi est titulaire, un droit indivisible, inaliénable, imprescriptible, absolu dans ses effets et dans sa durée. Bodin[1], Loyseau[2] et Lebret[3], à la fin du xvi⁰ siècle et au xvii⁰, en sont les théoriciens. Les hommes de la Révolution acceptent cette théorie et déclarent que le titulaire de ce droit subjectif de souveraineté, ce n'est point le roi, mais la

1. *Les six livres de la République*, édit. française, Lyon, 1693.
2. *Traité des seigneuries* et *Traité des offices*, Paris, 1640.
3. *De la souveraineté du roi*, Paris, 1642.

nation. Au reste rien n'est changé à la théorie.
Le roi était une personne ; la nation sera une
personne. Son droit comme celui du roi sera
absolu dans ses effets et dans sa durée. Il sera
aussi indivisible, inaliénable, imprescriptible.
La Déclaration des droits de 1789, les constitutions de 1791, de 1793, de l'an III et de 1848
proclament ces principes[1]. A la faveur de ces
textes, en France et en Allemagne[2], les juristes
achèvent les théories de la souveraineté et en
font une remarquable construction suivant
toutes les règles de la vieille technique juridique : la souveraineté est le droit subjectif
de donner des ordres inconditionnés ; l'État
est la nation personnifiée fixée sur un territoire et titulaire de ce droit.

C'est la vraie doctrine démocratique, dira-
t-on. Oui. Mais c'est aussi la doctrine qui sert
aux légistes allemands pour fonder la toute
puissance de l'empereur, aux Jacobins pour
justifier l'omnipotence d'une Convention et

1. Déclaration des droits 1789, art. 3; const. 1791,
tit. III, pr., art. 1; const. 1793, art. 1 et 7; const. an III,
art. 1 et 2; const. 1848, art. 1.

2. Cons. surtout Gerber, *Grandzüges einer System der
deutschen Staatsrechtes*, 1re édit., 1865; Laband, *Droit
public*, édit. franç., 1903. p. 114 et suiv.; Jellinek, *System
der öffrent. Rechte*, 2e édit., 1905 et *Allgemeine staatslehre*,
2e édit., 1905.

aux collectivistes pour demander à l'État tout puissant de confisquer les instruments de production et de devenir par là plus puissant encore [1].

Avec cette conception régalienne, en effet, l'État devient une puissance formidable. Déjà bien grande quand elle s'incarnait dans un homme, la puissance publique devient sans limite quand elle s'incarne dans la nation. L'État est alors vraiment le Léviathan de Hobbes [2]. Il absorbe tout ; il égalise tout ; il régente tout ; « il ne souffre à côté de lui aucune vie indépendante [3] » ; et sous prétexte d'égalité, il ne veut plus au-dessous de lui qu'une poussière d'individus impuissants et désarmés.

Pour limiter cette omnipotence de l'État on a bien formulé la théorie des droits individuels. On les a proclamés dans des déclarations solennelles ; et la constitution de 1791 (titre I) interdit expressément « au législateur de faire aucunes lois qui portent atteinte aux

---

1. Cf. G. Dazet, *Lois collectivistes pour 19...*, 1907.
2. Le livre célèbre de Hobbes parut en anglais en 1651, sous ce titre : *Leviatham or the matter form and power of a commonwealth*. Rap. *De Cive*, 1649.
3. Ed. Berth, *Le Mouvement socialiste*, 3ᵉ série, I, p. 6.

droits naturels (de l'homme) ». C'était une idée généreuse, et je suis de ceux qui pensent que la Déclaration des droits de 1789 a été un moment unique dans l'histoire du monde. Mais c'était une chimère de croire que par là on pouvait limiter effectivement l'action de l'État. D'abord la doctrine des droits individuels était théoriquement insoutenable. On l'a souvent démontré et je n'y insiste pas [1]. D'autre part il n'y avait pas de moyen d'organiser pratiquement une répression efficace des empiétements de l'État souverain sur les droits de l'individu. L'exemple du Sénat conservateur du Consulat et de l'Empire en est la preuve. Enfin l'État pouvant toujours apporter une restriction aux droits de chacun dans l'intérêt des droits de tous et étant seul juge de cette restriction, il ne trouve en réalité d'autres limites à son action que celles qu'il se fixe à lui-même [2]. Aussi les Déclarations

1. Cf. *Manuel de droit constitutionnel*, 1907, p. 6 et suiv.

2. C'est que J.-J. Rousseau disait très nettement : « On convient que tout ce que chacun aliène par le pacte social de sa puissance, de ses biens, de sa liberté, c'est seulement la partie de tout cela dont l'usage importe à la société... Mais il faut convenir que le souverain seul est juge de cette importance » (*Contrat social*, liv. II, chap. IV, intitulé : *Des bornes du pouvoir souverain*).

des droits n'ont-elles empêché ni la tyrannie
sanguinaire de la Convention, ni le despotisme
de Napoléon, ni le coup d'État de 1851, ni les
lois de sûreté générale du second Empire [1], ni
les lois de dessaisissement [2] et de spoliation [3]
de la troisième République.

1. Loi du 9 juillet 1852, qui permet l'interdiction par
voie administrative du séjour dans le département de la
Seine et dans l'agglomération lyonnaise et surtout la loi
de sûreté générale du 25 février 1858 (elle ne trouva au
sénat qu'un seul opposant) qui autorise pour certaines
personnes, par décision du ministre de l'intérieur, l'inter-
nement dans un département de France ou d'Algérie, ou
l'expulsion du territoire français.

2. Loi 1er mars 1899, portant modification de l'art. 445
du Code d'instruction criminelle, qui fut proposée par le
gouvernement et votée par les chambres dans le but et eut
pour résultat d'enlever à la Chambre criminelle de la Cour
de cassation la connaissance de la première demande en
revision du procès Dreyfus, dont elle était régulièrement
saisie. Cf. l'exposé des motifs du gouvernement et le rapport de M. Bisseuil au Sénat (*J. off.*, 31 janvier 1899, *Déb.
parlement.* et *Doc. parlement.*, Sénat, p. 75). Dans son
rapport à la Chambre, M. Renault-Morlière eut le courage,
qui honore grandement sa mémoire, de combattre le projet de loi (*J. off.*, 1899, *Doc. parl.*, p. 177). Il convient de
noter que cette loi du 1er mars 1899 a été abrogée par la
loi du 4 mars 1909.

3. La loi du 7 juillet 1904 a certainement ce caractère.
Elle déclare supprimées toutes congrégations autorisées
à titre de congrégations exclusivement enseignantes (art. 1,
§ 2). L'art. 5 règle le mode de liquidation des congrégations ainsi supprimées; il est dit au § 2 : « ... Après le
prélèvement des pensions prévues par la loi du 24 mai 1825,
le prix des biens acquis à titre onéreux, ou de ceux qui
ne feraient pas retour aux donateurs... servira à augmenter

Tel est le régime politique issu du droit romain et achevé par la Révolution. Mais cette
forme d'État, les hommes du xxᵉ siècle n'en
veulent plus. Ils n'en veulent plus parce qu'elle
repose sur un dogme et qu'ils ne croient plus
aux dogmes d'aucune espèce. Ils n'en veulent
plus parce qu'elle est un instrument de domination et qu'elle peut à tout moment devenir
une tyrannie.

Je repousse énergiquement (je l'expliquerai
dans la 3ᵉ conférence) la plupart des doctrines
du *syndicalisme révolutionnaire* ; mais je sous-
cris cependant à ce que dit M. Édouard Berth,
un des plus distingués représentants de cette
école, quand il écrit dans le *Mouvement socialiste* : « En France, la notion d'État a subi dans
la conscience ouvrière le déclic formidable
que l'on sait... Il s'est produit cette chose
énorme, cet événement de portée incalcula-
ble, la mort de cet être fantastique, prodi-

les subventions de l'État pour construction ou agrandisse-
ment de maisons d'écoles et à accorder des subsides pour
location. » Assurément le législateur peut par voie de
mesure générale modifier le régime de la propriété. Mais
ici c'est une disposition spéciale qui modifie une affecta-
tion légalement établie, et qui la modifie en violation certaine des actes de volonté individuelle légaux, qui avaient
été la condition de cet établissement. Une pareille loi est
vraiment une loi de spoliation.

gieux, qui a tenu dans l'histoire une place si colossale..., l'État est mort [1]. »

Oui, l'État est mort ; ou plutôt est en train de mourir la forme romaine, régalienne, jacobine, napoléonienne, collectiviste, qui, sous ces divers aspects, n'est qu'une seule et même forme de l'État. Mais en même temps se constitue une autre forme d'État plus large, plus souple, plus protectrice, plus humaine, dont il me reste à déterminer les éléments.

Ils sont aux nombre de deux : la conception d'une règle sociale s'imposant à tous ou *droit objectif*, et la *décentralisation* ou le *fédéralisme syndicaliste*. Leur étude formera l'objet des deux prochaines conférences.

1. *Mouvement socialiste*, octobre 1907, 3e série, I, p. 314.

DEUXIÈME CONFÉRENCE

MESDAMES, MESSIEURS,

Je disais en terminant la conférence précédente que la forme romaine et régalienne de l'État disparaissait pour faire place à un régime politique plus souple, plus humain, plus protecteur de l'individu, et reposant sur deux éléments, d'une part la conception du *droit objectif* ou d'une règle sociale, fondée sur le fait de l'interdépendance qui unit les membres de l'humanité et particulièrement les membres d'un même groupe social, règle qui s'impose à tous, forts et faibles, grands et petits, gouvernants et gouvernés, — et d'autre par la *décentralisation* ou le *fédéralisme syndicaliste*. Je crois que nous marchons vers une sorte de fédéralisme de classes organisées en syndicats et j'estime que ce fédéralisme se combinera avec un pouvoir central toujours maintenu, toujours vivant, mais ayant un caractère et une action tout à fait différents de ceux qui appartenaient à l'État régalien, et se réduisant à un contrôle, à une surveillance.

Cette transformation du pouvoir central sur la base du *droit objectif*, je la résumerai dans les quatre propositions suivantes :

1. — La puissance publique cesse d'être un droit. On reconnaît qu'elle n'est qu'un fait. L'État cesse d'être une personne juridique investie du droit subjectif de commander. Il y a le fait État lorsque dans une société déterminée un individu, un groupe ou une majorité monopolisent la plus grande force. Je les appelle les gouvernants.

2. — Ces hommes, individus ou groupes, qui monopolisent la plus grande force, n'ont aucun droit. Mais membres de la société, ils sont soumis à la règle de droit, dont nous avons indiqué au début de la première conférence le fondement et la portée, et comme tels tenus d'employer la plus grande force dont ils disposent à assurer le respect, l'application de la règle de droit.

3. — Ils peuvent imposer leur volonté aux autres individus, non pas d'une manière absolue parce qu'elle serait une volonté supérieure, mais d'une manière toute relative, parce qu'elle oblige seulement dans la mesure où elle est conforme à la règle de droit.

4. — Le rôle des gouvernants doit forcément diminuer chaque jour et se réduire à la surveillance et au contrôle, parce que toutes les fonctions économiques et sociales vont peu à peu se répartir entre les différentes classes sociales, qui acquièrent, par le développement du syndicalisme, une structure juridique définie, et pourront ainsi, sous le contrôle des gouvernants, donner l'impulsion et la direction à la part de travail social qui leur incombe.

I

LA PUISSANCE PUBLIQUE EST UN SIMPLE FAIT

Je dis d'abord que la puissance publique
n'est pas un droit, mais un simple fait, un fait
de plus grande force. A vrai dire ce n'est là
que le résumé de la conférence précédente. Il
y a toujours eu et il y aura probablement toujours dans les sociétés un individu, une
classe, une majorité qui, en fait, par suite de
circonstances infiniment diverses, concentrera
la force de contrainte. On a dit qu'en France,
depuis la Révolution, la classe qui détient ainsi
la plus grande force est la bourgeoisie capitaliste, parce qu'elle dispose de la puissance
économique et que le pouvoir politique suit
toujours la puissance économique. On a dit
encore que depuis 1848 il y a en France une
contradiction flagrante entre le fait et le droit,
de laquelle vient en partie le malaise de
l'époque moderne, une contradiction entre le
principe du suffrage universel donnant aux

prolétaires qui sont le nombre la puissance politique et le régime économique faisant du prolétaire le salarié, presque l'esclave du capitaliste.

Déjà, en 1893, M. Jaurès s'écriait à la Chambre des députés : « Et ce roi de l'ordre politique (le prolétaire) est jeté dans la rue[1]. » S'inspirant de la même idée, M. Viviani, ministre du travail et de la prévoyance sociale, disait récemment à Sceaux : « La vérité, c'est que le suffrage universel a abouti à créer des difficultés sur lesquelles je dois attirer votre attention. Le jour où on a remis un bulletin de vote à tous les citoyens, même à ceux qui ne possèdent rien, on a créé un contraste effrayant entre l'homme qui vote et l'homme qui travaille. Devant l'urne, il est souverain ; à l'usine il est sous le joug. Il est amené à comparer sa souveraineté politique à sa dépendance économique ; et c'est de cette comparaison que sortent toutes les turbulences, toutes les agitations[2]. »

Si cette contradiction entre le fait et le droit est vraie, il semble en résulter que la classe prolétarienne, qui a le nombre, doit tâcher à

1. Séance du 21 novembre 1893.
2. Le Temps, 25 février 1908.

prendre la puissance politique effective par la
conquête du pouvoir et la socialisation des
instruments de production. C'est la tactique
que prêchent certains socialistes [1]. Je ne sais
pas et ne veux pas savoir ce qu'elle vaut. Mais
j'estime que l'évolution politique ne s'oriente
point en ce sens. Je crois que nous marchons
progressivement, au reste avec des heurts et
des à-coups, vers une forme politique où la
plus grande force appartiendra, non point à
une classe plus ou moins privilégiée, mais à
une véritable majorité composée des représentants de toutes les classes de la nation et
de tous les partis. On a montré dans la précédente conférence que le suffrage universel
inorganique, tel qu'il est sorti de la Révolution de février, aboutissait à faire voter les
lois par les représentants d'une minorité. Mais

1. V. notamment le manifeste du *Parti socialiste français* (parti socialiste indépendant qui comprend notamment les députés socialistes non unifiés), manifeste publié
à l'occasion des élections municipales du 3 mai 1908 et qui
débute par ces mots : « Si l'organisation syndicale ouvrière
est nécessaire au premier chef pour les luttes quotidiennes
contre la classe capitaliste et pour donner aux prolétaires
la claire conscience de leurs intérêts solidaires, elle doit
être poursuivie parallèlement à l'action politique qui peut
seule permettre au prolétariat organisé la conquête de
tous les pouvoirs publics. Parmi ceux-là, le pouvoir muni-
cipal est un de ceux qu'il appartient d'acquérir. » (*Le
Temps*, 17 avril 1908.)

un pareil état de chose ne peut pas durer. Tous
les membres de la société doivent être vraiment
associés à la puissance politique, et nous marchons, je ne puis me tenir de le croire, vers une
forme organique du suffrage universel, assurant la prépondérance à une véritable majorité,
formée par la participation consciente et réglée
de toutes les classes et de tous les partis.

La domination de classe doit finir ; nous
repoussons celle de la classe prolétarienne
comme celle de la classe bourgeoise. Peut-
être me fais-je illusion ; mais il me semble
que les progrès considérables qu'a faits depuis
quelques années, dans tous les partis et dans
toutes les régions du pays, l'idée de représentation proportionnelle des partis (combinée
avec la représentation professionnelle dont je
parlerai dans la prochaine conférence) est une
preuve que l'évolution s'accomplit bien dans
le sens que j'indique. C'est un devoir pour
chacun de travailler dans la mesure de ses
forces à la réalisation de cette réforme et à la
suppression du scrutin uninominal et majoritaire, qui est un instrument de démoralisation
et de corruption universelles [1].

1. Aux élections d'avril et de mai 1910, d'après les sta-

Les gouvernants sont donc les représentants de cette majorité formée de la participation consciente et réglée de tous les partis et
de toutes les classes. Par là, en fait, ils détiennent la plus grande force et disposent de la
contrainte matérielle. De droit, ils n'en ont
point; ils ne peuvent pas en avoir. Mais, soumis à la règle de droit, ils doivent employer
leur plus grande force à réaliser l'application
de cette règle, en la constatant, en réprimant
tous les actes individuels qui la violent, en
sanctionnant tous les actes individuels qui y
sont conformes. Ils n'ont en un mot d'autre

tistiques communiquées par le ministère de l'Intérieur,
les candidats qui se sont déclarés partisans du scrutin de
liste avec représentation proportionnelle ont obtenu
4.442.800 voix et ceux qui se sont déclarés partisans du
principe de la réforme électorale 1.162.333 voix, le nombre
total des voix émises étant de 8.238.400 (*Le Temps*,
24 mai 1910). A la Chambre, le 9 juin 1910, M. le président du conseil Briand annonçait le dépôt d'un projet de
loi sur la réforme électorale et la représentation proportionnelle. Ce projet, ne faisant d'ailleurs qu'une part insuffisante à la représentation proportionnelle, a été déposé
le 30 juin 1910. La Chambre ayant décidé que la commission du suffrage universel serait élue elle-même d'après
le système de la représentation proportionnelle, cinq listes
se sont trouvées en présence, le total des voix attribuées à
la liste de la représentation proportionnelle a été de 12.400,
et celui attribué à l'ensemble des listes antiproportion-
nalistes de 9.742. Ainsi sur 44 membres dont se compose
la commission, 25 sont partisans de la représentation proportionnelle (*Le Temps*, 13 juillet 1910).

pouvoir que celui d'accomplir l'obligation
d'employer leur force à protéger l'interdépendance sociale. Et cela entraîne une série de
conséquences.

II

LE VRAI CARACTÈRE DE LA LOI

D'abord une conception de la loi toute différente de la conception révolutionnaire[1]. On
sait que la Déclaration des droits de 1789
(art. 6) définissaït la loi l'expression de la volonté générale. D'où il résultait que ce qui fait
la force obligatoire de la loi, c'est qu'elle est
voulue par la collectivité et qu'est loi tout ce
qui est voulu par la collectivité. La loi, dit-
on[2], a une force particulière, un caractère spécial, parce qu'elle émane d'une volonté qui a
elle-même une nature particulière. C'est la
volonté de la collectivité personnifiée dans
l'État, d'une essence différente de la volonté

[1]. Cf. *Revue du droit public*, 1908, p. 5, le très intéressant article de M. Deslandres, intitulé : *Étude sur le fondement de la loi;* Dicey, *Le droit et l'opinion publique,*
édit. franç., 1906.

[2]. M. Esmein, par exemple, écrit : « ... la loi (est) le
commandement du souverain et elle tire sa force obligatoire de l'autorité dont elle émane » (*Droit constitutionnel,*
4ᵉ édit., 1906, p. 38, et 5ᵉ édit., 1909, p. 37).

des individus. Ceux-ci n'ont donc qu'à se sou-
mettre à la loi quoi qu'elle commande, parce
qu'elle a une force transcendante qui s'impose
à eux. D'où ce fétichisme de la loi qu'a si
bien mis en relief M. Édouard Berth dans un
article du *Mouvement socialiste* que j'ai déjà
cité : « La démocratie parlementaire, écrit-il,
n'est-ce pas le droit divin de la puissance ma-
gique de l'État passée du roi aux partis chargés de traduire la soi-disant souveraineté du
peuple ?... La loi qui émane de nos parlements
modernes est entourée d'un respect plus superstitieux que ne l'ont jamais été les rois les
plus absolus et l'on peut dire que le légalita-
risme moderne est plus asservissant encore
que l'ancien loyalisme[1]. »

La vérité c'est que la loi est l'expression non
point d'une volonté générale qui n'existe pas,
non point de la volonté de l'État qui n'existe

---

1. *Mouvement socialiste*, juillet 1907, 3⁰ série, I, p. 11.
— Herbert Spencer a écrit : « La grande superstition de
la politique d'autrefois, c'était le droit divin des rois. La
grande superstition de la politique d'aujourd'hui, c'est le
droit divin des parlements. L'huile d'onction, semble-t-il,
a glissé sans qu'on y prenne garde, d'une seule tête sur
celles d'un grand nombre, les consacrant eux et leurs
décrets. On peut trouver irrationnelle la première de
ces croyances : il faut admettre qu'elle était plus logique
que la dernière... » (*L'individu contre l'État*, édit. française, 1885, p. 116).

pas davantage, mais de la volonté des quelques hommes qui la votent. En France la loi est l'expression de la volonté des 350 députés et des 200 sénateurs, qui forment la majorité habituelle à la Chambre et au Sénat. Voilà le fait. En dehors de cela il n'y a que fictions et formules vaines ; nous n'en voulons plus.

Si la loi est l'expression de la volonté individuelle des députés et des sénateurs, elle ne peut s'imposer comme telle aux autres volontés. Elle ne peut s'imposer que si elle est la formule d'une règle de droit, ou la mise en œuvre de cette règle, et dans la mesure où elle est cela. Toutes les lois en effet se divisent en deux grandes catégories : celles qui formulent une règle de droit et celles qui prennent des mesures pour en assurer l'application. J'ai appelé les premières lois *normatives*, et les secondes lois *constructives*[1]. Mais peu importe les mots. Ni les unes ni les autres ne contiennent à vrai dire de commandement adressé par une volonté supérieure à des volontés subordonnées. Elles sont cependant obligatoires, parce qu'elles sont la formule ou la mise en œuvre d'une règle obligatoire par elle-même.

1. Cf. *L'État, le droit objectif et la loi positive*, 1901, p. 551 et suiv.

On comprend dès lors pourquoi et comment les lois sont obligatoires même pour ceux qui les ont faites, pour les gouvernants ou, comme on le dit habituellement, pour l'État. La loi est aussi rigoureusement obligatoire pour le Parlement qui l'a votée que pour le particulier auquel elle s'adresse. Si l'on voit dans la loi un ordre formulé par l'État-personne, et si l'on fait du Parlement le mandataire représentatif ou l'organe juridique de l'État, je mets qui que ce soit au défi d'expliquer comment le Parlement peut être lié par la loi qu'il a faite, et les Anglais sont parfaitement logiques, quand ils disent que le Parlement peut tout faire, excepté cependant changer un homme en femme.

Les juristes allemands, à la suite de Ihering, de M. Jellinek, enseignent la théorie subtile de l'*auto-limitation* de l'État. L'État disent-ils, est lié par la loi qu'il fait, parce qu'il se limite volontairement par cette loi ; il peut le faire, ajoutent-ils, sans que sa souveraineté soit atteinte, puisque la souveraineté est la faculté d'*auto-détermination*, qu'en s'auto-limitant l'État s'auto-détermine et reste ainsi souverain quoique subordonné à sa propre loi [1].

1. Cf. Ihering, *Der Zweck im Rechte*, I, p. 241 : Jellinek, *Gesetz und Verordnung*, 1887, p. 197 : *Allegemeine Staats-*

C'est très ingénieux ; mais cela ne prouve rien. En effet, dire que le Parlement, qui fait la loi et qui représente l'État, est lié parce qu'il veut, tant qu'il veut et dans la mesure où il veut être lié par la loi, c'est dire précisément qu'il ne l'est point. Cela est tellement vrai que les théoriciens de l'auto-limitation, comme M. Jellinek, enseignent que la loi n'est pas nécessairement une disposition par voie générale, qu'il peut y avoir des lois individuelles[1]. C'est dire que le Parlement peut toujours apporter une dérogation individuelle à la loi générale qu'il a votée, qu'il peut toujours se soustraire à l'application de la loi.

lehre, 2ᵉ édit., 1905, p. 357. Pour la critique que j'ai essayé de faire de cette doctrine, voy. L'État, le droit objectif..., p. 105 et suiv., et Manuel, 1907, p. 54.

1. Jellinek, Gezetz und Verordnung, 1887, p. 232 ; Allgemeine Staatslehre, 2ᵉ édit., 1905, p. 595. Rap. Laband, Droit public, édit. franç., 1901, III, p. 260.

III

RÉFUTATION DE QUELQUES OBJECTIONS

La conception de la loi que j'expose a rencontré d'assez vives objections que je ne puis passer sous silence.

D'abord, a-t-on dit, c'est une théorie anarchiste ; il n'y a pas une société qui puisse vivre avec une pareille conception de la loi[1]. L'obéissance passive à la loi est la condition nécessaire de toute vie sociale. La théorie précédente reconnaît à chaque individu le droit de refuser obéissance à une loi, sous le prétexte qu'elle n'est pas conforme à la notion

---

1. M. Esmein conclut sa longue et courtoise critique de ma doctrine en disant : « Si l'on nie la souveraineté, de deux choses l'une : ou pas de lois, ni de gouvernement, et c'est la chimère anarchiste..., ou bien les lois ne peuvent être que des transactions entre les différentes forces ou classes qui existent en fait dans la nation. » (*Droit constitutionnel*, 4ᵉ édit., 1906, p. 40.) Je crois ne point être un anarchiste ; mais je crois et j'espère montrer dans la troisième conférence, qu'en effet nos sociétés modernes évoluent vers un état de droit reposant essentiellement sur l'accord des différentes classes sociales.

qu'il se forme de la règle de droit ; c'est dès lors la désorganisation générale. Au moins faut-il affirmer, dit-on[1], que toute loi est présumée conforme au droit et doit, jusqu'à preuve du contraire, s'imposer à l'obéissance des citoyens.

L'objection, qui paraît grave, ne me touche guère. Je puis la retourner et dire que ma théorie de la loi est au contraire essentiellement sociale, parce qu'elle astreint les gouvernants à n'édicter que des lois sur le caractère juridique desquelles il ne puisse pas s'élever de doute. Je sais bien que la vérité juridique ne s'impose point avec l'évidence d'une formule mathématique. Mais il n'en est pas moins vrai que certaines règles de droit ont à un moment donné pénétré si profondément et si généralement la conscience des hommes, que toute loi, qui n'aura d'autre but que d'assurer l'application d'une semblable norme, rencontrera certainement une adhésion quasi unanime.

Mais, dira-t-on, le nombre des lois répondant à ces conditions sera très restreint. Sans doute. Et le mal n'est pas grand. C'est à mon

---

[1]. Gény, Compte rendu de mon livre : L'État, le droit objectif..., dans *Revue critique de législation*, 1901, p. 508.

avis une grande erreur de croire que le progrès social se mesure au nombre des lois nouvelles qu'édictent les gouvernants. D'ailleurs dans un avenir, qui n'est peut-être pas éloigné, les gouvernants feront de moins en moins de lois, parce que les rapports des individus et des groupes seront surtout régis par des règlements conventionnels, je veux dire par des règlements résultant d'une entente entre deux ou plusieurs groupes, les gouvernants ne devant intervenir que pour leur donner une sanction, les contrôler et les surveiller.

D'autre part, quand on parle de résistance à l'application de la loi, on a presque toujours en vue la résistance violente. Mais la résistance à des lois oppressives peut se manifester tout autrement. Il y a longtemps que les théologiens ont distingué la résistance passive, la résistance défensive et la résistance agressive et montré que celle-ci n'est légitime que comme dernier recours[1]. Si, comme je le crois, les groupes sociaux sont en train de s'intégrer dans l'intérieur de chaque société nationale et notamment en France, au moyen de formations

1. Cons. Chénon, *Théorie catholique de la souveraineté nationale*, 1898, p. 16 et suiv., et mon *Manuel*, 1907, p. 677.

syndicalistes, ils pourront organiser une forte
et pacifique résistance à l'application des lois
oppressives. Où serait le mal que le législateur
fût averti que toute loi qui opprimerait une
classe au profit d'une autre rencontrerait de
la première, dans son application, une opposition fortement organisée ? Ne serait-ce même
pas le devoir de tout parlement d'organiser
cette résistance légitime ? La chose, il est vrai,
n'est pas aisée. Avec la conception de la loi
volonté souveraine, elle était impossible. Avec
notre conception de la loi elle ne l'est point. Le
principe s'en trouverait dans la création d'un
haut tribunal composé également des représentants de toutes les classes sociales et ju-
geant, si je puis ainsi dire, la légalité de la
loi[1].

Une autre objection m'a été adressée par
mon jeune et brillant collègue M. Politis, professeur à la Faculté de droit de Poitiers. Comme
moi, il admet l'existence d'une règle de conduite fondée sur l'interdépendance sociale ;
mais pour lui elle est une règle morale plutôt

1. Cf. propositions de MM. J. Roche et Charles Benoist,
tendant à la création d'une cour suprême pour statuer
sur les réclamations des citoyens pour violation de leurs
droits par le pouvoir législatif, *J. off.*, doc. parl., Chambre,
sess. ord. 1903, p. 97 et 99.

que juridique. Elle n'est point, dit-il, impérative par elle-même ; elle ne le devient que lorsqu'elle est formulée dans la loi positive. Ce qui le prouve, c'est qu'avant d'être formulée dans la loi positive, sa violation n'entraîne aucune répression et que les actes faits par les individus conformément à la règle ne produisent pas d'effet, ne sont pas socialement sanctionnés. La loi positive n'est donc pas, dit-il, la simple constatation de la règle sociale ; elle y ajoute quelque chose ; elle seule lui donne le caractère impératif.

Il me semble qu'en m'adressant cette objection, M. Politis a un peu confondu le caractère obligatoire de la règle et la sanction socialement organisée de cette règle. Assurément tant qu'il n'y a pas de loi écrite ou pas de coutume constatée, il n'existe pas de la règle de droit une sanction régulière et juridiquement organisée. Mais cela prouve-t-il que la règle sociale ne soit pas impérative par elle-même : D'ailleurs l'expression *impérative* n'est pas bonne, parce qu'elle implique l'idée d'ordre donné. Or la règle de droit n'est point un ordre, mais une discipline de fait que l'interdépendance sociale impose à tout membre du groupe.

M. Politis admet le caractère impératif de la coutume et il l'explique par le consentement volontaire des hommes à la règle qu'elle contient. La loi serait la réalisation d'un degré de plus, et son caractère impératif s'expliquerait aussi par l'acceptation volontaire des individus auxquels elle s'adresse. — Cette acceptation volontaire, je ne la nie point; mais elle ne peut rien ajouter à la règle elle-même, qui tire toute sa valeur de l'interdépendance sociale, ou du postulat admis une fois pour toutes. L'acceptation volontaire de la règle n'en est au fond qu'une conscience plus claire et plus précise, qui en facilite l'application et qui en assure la sanction. Au surplus, que M. Politis prenne garde. Son idée de « règle obligatoire parce que voulue par les hommes » le ramène bien près de l'ornière du contrat social.

Enfin on m'a dit encore : Votre conception de la loi n'est qu'un retour à la théorie des Doctrinaires sur la souveraineté de la raison, laquelle n'est qu'une édition à peine revue de la vieille et caduque théorie du droit naturel [1].

1. M. Esmein écrit : « Cette thèse qui nie la souveraineté et le pouvoir constituant n'est point d'ailleurs nouvelle, mais seulement rajeunie par l'invocation de quelques idées

Mon Dieu ! je sais bien que les Royer-Collard
et les Guizot sont des personnages aujour-
d'hui un peu démodés. Et cependant ce
n'était pas si... bête de dire : la loi n'est souveraine et obligatoire que dans la mesure où

assez vagues d'ailleurs, qui ont aujourd'hui la faveur soit
en France, soit en Allemagne, comme le principe de la
solidarité humaine et la conception de la règle de droit se
suffisant à elle-même. C'est la doctrine qui, à diverses
époques, a prétendu ne reconnaître d'autre souveraineté
que celle de la raison. C'est celle que Guizot défendait
sous la Restauration (*Moyens d'opposition*, p. 67). C'est
celle que formulait encore le parti doctrinaire par la bou-
che de Royer-Collard (*Discours sur la patrie*, 1831). Dans
les *droits et intérêts légitimes* où celui-ci voit les bases
mêmes de la société politique, on trouve l'équivalent exact
de la situation juridique et de la règle de droit sur laquelle
M. Duguit construit tout son système (Esmein, *Droit
constitutionnel*, 4ᵉ édit., 1906, et 5ᵉ édit., 1909, p. 36). —
Je ne nie point qu'on puisse rapprocher, au point de vue
formel, ma doctrine des conceptions doctrinaires ; et je le
dis au texte. Mais je tiens à faire quelques précisions.
M. Esmein paraît se méprendre sur la place que je donne
à la *situation juridique subjective*. Il en fait une des bases
de mon système, quand je me suis attaché à montrer qu'elle
en était le point d'arrivée. La situation de droit subjectif
ne naît en effet que lorsqu'une déclaration de volonté individuelle s'est produite conformément à la règle de droit.
Quant à la notion que je me forme du droit objectif et de
la règle de droit, elle est toute différente de la conception
doctrinaire *des droits et des intérêts légitimes*. Celle-ci
reposait évidemment sur les droits individuels déterminés
a priori par la raison ; mon affirmation de la règle de droit
repose exclusivement sur un fait, le fait de l'interdépendance sociale, constaté par l'observation. La différence me
paraît fondamentale. Rap. Barthélemy, compte rendu de
mon *Manuel*, dans *Revue du droit public*, 1908, nᵒ 1,
p. 161.

elle est conforme à la raison. Un homme qu'on
n'accusera point, je suppose, de n'être pas
moderniste, M. Clemenceau, Président du
Conseil, ne disait point autre chose dans le
discours déjà cité : « Il faut bien, disait-il, que
la démocratie soit d'abord le gouvernement
de la raison [1]. » Il suffit de s'entendre sur ce
qui est conforme à la raison. Si l'on dit :
une loi n'est obligatoire que lorsqu'elle est
conforme à certains principes rationnels,
immuables, toujours les mêmes en tous temps
et en tous pays ; c'est la doctrine du droit
naturel, doctrine périmée et que je repousse
énergiquement. Mais si l'on dit : une loi ne
s'impose que lorsqu'elle est conforme aux
conditions de vie actuelles, momentané et
changeantes d'une société donnée, détermi-
nées par l'observation et l'analyse ration-
nelle de son évolution et de sa structure;
c'est là, ce me semble, une doctrine tout à
fait étrangère au droit naturel et aux conceptions *doctrinaires*, une doctrine d'ordre purement positif et d'inspiration vraiment scientifique. C'est celle que je défends.

1. *J. officiel*, 13 février 1908.

IV

LES OBLIGATIONS DES GOUVERNANTS

En écartant la double notion de personnalité et de souveraineté de l'État, nous pouvons fonder le principe d'une limitation effective et étroite, négative et positive de l'action des gouvernants. Je sais bien que la doctrine de la souveraineté personnelle prétend qu'elle aussi peut limiter l'action de l'État. C'est possible, quoique, on l'a vu, les faits semblent prouver le contraire. En tous cas, elle ne peut la limiter que négativement ; elle ne peut pas imposer à l'État des obligations positives. Les Déclarations des droits et les constitutions de 1789, de 1891 et de l'an III, qui contiennent l'expression la plus parfaite et la plus complète de la doctrine, ne parlent que d'une limitation négative. « Le pouvoir législatif, est-il dit, ne pourra faire aucunes lois qui portent atteinte à l'exercice des droits naturels de l'homme[1] », et rien de plus. D'où il suit que, quoi qu'on en ait dit[2], avec la souveraineté de l'État et la doctrine individualiste, on ne peut fonder l'obligation, par les gouvernants d'assurer gratuitement à tous un minimum d'enseignement, de procurer du travail à quiconque en demande et de fournir les moyens de subsistance à tous ceux qui sont dans l'impossibilité de se les procurer par leur travail. Notre législation positive, dominée jusqu'à ces dernières années par la fausse doctrine individualiste, n'a établi la gratuité de l'enseignement primaire qu'en 1881 (loi du 16 juin 1881) ; elle n'a point encore reconnu ce qu'on appelle improprement le droit au travail ; et elle n'impose l'obligation d'assistance que depuis 1893 pour les malades (loi du 15 juillet 1893) et depuis 1905 (loi du 14 juillet 1905, modifiée par l'article 35 de la loi fin. du 31 décembre 1907) pour les vieillards, les infirmes et les incurables[3]. On peut dire ainsi que la reconnaissance des

1. Const., 1791, tit. 1, § 3.

2. H. Michel, *L'idée de l'État*, 1898, p. 90. V. la critique de cette proposition dans mon *Manuel*, 1907, p. 649.

3. On doit rapprocher de ces lois la loi du 5 avril 1910 *sur les retraites ouvrières et paysannes*, dont l'art. 1 formule le principe de la retraite obligatoire.

obligations positives des gouvernants a marché de pair avec la décroissance constante de la doctrine individualiste et de la conception régalienne de l'État qui en était connexe[1].

Que dans un régime politique fondé sur la conception du droit objectif, le devoir d'assistance, d'enseignement, d'assurance contre le chômage s'impose aux gouvernants, on le comprend aisément. Ceux-ci sont des individus comme les autres et non point les organes d'une prétendue personne collective. Comme les autres, ils sont soumis à la règle de droit, qui leur impose les obligations correspondantes à la situation qu'ils occupent dans la société et qui par conséquent les oblige à mettre la plus grande force qu'ils détiennent au service de l'interdépendance sociale. Ils ne sont pas seulement tenus de s'abstenir; ils sont tenus d'agir, et cette obligation se traduit dans le devoir juridique d'enseignement, de garantie de travail.

Mais le devoir d'assistance soulève le problème le plus troublant parmi tous ceux qui se posent à la conscience moderne. Le christianisme l'avait résolu par le devoir moral de

1. Cf. le beau livre de M. A. Schatz, *L'individualisme économique et social*, 1907.

charité dans le sens que l'on sait. La politique positive doit-elle le résoudre dans le même sens ? Quelle solution découle logiquement du fait d'interdépendance qu'on a dégagé ? Que les gouvernants soient obligés d'assurer l'assistance médicale à tous ceux dont la guérison est possible, ce n'est pas douteux : l'assistance a pour but alors de conserver une force sociale ; elle concourt à accroître, à maintenir l'interdépendance. Mais l'assistance est-elle due aussi aux vieillards, qui consomment sans produire et doivent disparaître forcément dans quelques années, aux incurables qui non seulement sont des valeurs improductives, mais peuvent encore jeter dans la race même un germe de mort ou de décadence ? N'est-ce pas alors violer la loi même d'interdépendance sociale ?

Spencer laissait entendre que l'assistance ainsi comprise était œuvre anti-sociale [1].

1. Herbert Spencer n'entendait point interdire la bienfaisance individuelle. « Je n'ai pas l'intention, écrivait-il, de supprimer ou de condamner les secours accordés aux hommes mal doués par les hommes bien doués en leur qualité d'individus » (*L'individu contre l'État*, édit. franç., 1885, p. 98). Mais partant du principe darwinien de la lutte pour la vie et de la sélection, il estime que « la société prise dans sa totalité ne peut, sans s'exposer à un désastre immédiat ou futur », intervenir pour favoriser le développement des individus mal doués. « En concurrence

Nietzsche [1] la bannit de la société fondée sur la *volonté de puissance*. Et cependant nul d'entre nous n'entend désapprouver une loi comme celle du 14 juillet 1905, formulant pour la première fois le droit à l'assistance et imposant de lourdes charges aux contribuables pour assurer des secours ou l'hospitalisation aux vieillards, aux infirmes et aux incurables. Mais on doit l'avouer franchement, la loi

avec les membres de sa propre espèce, en lutte avec les membres d'autres espèces, l'individu dépérit et meurt, ou bien prospère et se multiplie selon qu'il est bien ou mal doué. Évidemment un régime contraire, s'il pouvait être maintenu, serait avec le temps fatal à l'espèce... Y a-t-il un homme qui pense que cette vérité n'est pas applicable à l'espèce humaine?... Voudra-t-il prétendre qu'il n'en résultera aucun mal si les individus peu doués sont mis dans la possibilité de prospérer et de se multiplier autant ou plus que les individus bien doués ? Une société humaine étant ou bien en lutte, ou bien en concurrence avec d'autres sociétés, peut être considérée comme une espèce, ou plutôt comme une variété d'espèce, et on peut affirmer que pareillement aux autres sociétés ou variétés, elle sera incapable de rester debout dans la lutte avec d'autres sociétés, si elle avantage ses unités inférieures aux dépens de ses unités supérieures » (Herbert Spencer, *loc. cit.*, p. 97 et 98, Paris, F. Alcan).

1. Lire particulièrement : *La volonté de puissance*, édit. franç., trad. H. Albert, 1903, surtout au t. II, le livre IV intitulé *Discipline et sélection*, qui commence par ces mots : « Ma philosophie apporte la grande pensée victorieuse qui finit par faire sombrer toute autre méthode. C'est la grande pensée *sélectrice* ; les races qui ne la supportent pas sont condamnées; celles qui la considèrent comme le plus grand des bienfaits sont choisies pour la domination » (p. 179).

d'interdépendance à elle seule est ici impuissante. Il faut quelque chose de plus ; il faut le sentiment de la pitié pour la souffrance humaine. Sentiment acquis, ou sentiment inné, peu importe, il est un des plus beaux apanages de l'homme civilisé au xxᵉ siècle ; il doit trouver place dans notre régime politique positif, qui doit saisir le tout de l'homme. Il faut ajouter d'ailleurs que la vue des secours accordés aux infirmes, aux vieillards, aux incurables est un spectacle de justice qui est un encouragement pour les travailleurs sociaux et contribue ainsi à accroître leur force productive.

V

LE VRAI CARACTÈRE D'ACTES ADMINISTRATIFS

L'activité publique se manifeste non seulement par la loi, mais aussi par des actes individuels, qui sont ou des actes juridictionnels ou des actes administratifs et dont la distinction est un des points les plus délicats du droit public [1]. D'après la théorie traditionnelle, l'acte administratif ou juridictionnel, qui en fait est l'œuvre d'un homme, administrateur ou juge, serait en droit l'œuvre de l'État lui-même. Je n'ai jamais compris ces distinctions entre la vérité de fait et la vérité de droit. Toute construction juridique qui repose sur une pareille distinction est sans valeur. Prenons donc le fait tel qu'il est. L'acte administratif ou juridictionnel émane d'une volonté individuelle, et la volonté d'un chef d'État, d'un ministre, d'un préfet ou d'un juge, qui

[1]. Cons. pour cette distinction mon *Manuel*, 1907, p. 181 et suiv., 237 et suiv.

prend une décision, n'a en elle rien qui la distingue de ma propre volonté. Je ne peux donc accepter qu'on parle d'actes d'autorité, de puissance publique, de délégation de la puissance publique, de fonctionnaires ayant une parcelle de la puissance publique. Autant de mots vides de sens, et de plus dangereux, car de l'acte de puissance publique à l'acte de gouvernement échappant à tout recours, il n'y a pas loin, et du régime de puissance publique au régime dictatorial et tyrannique, il n'y a qu'un pas.

Mais si nous nions la puissance publique, comment expliquer que l'acte individuel d'un agent s'impose légitimement à nous? Par la théorie de l'acte juridique [1]. L'acte de l'agent produit un effet de droit, comme tout acte de volonté individuelle, unilatéral ou contractuel, qui réunit les conditions de l'acte juridique. Sans insister sur cette délicate théorie, je veux montrer d'un mot comment elle se rattache directement à notre conception du droit objectif.

Je définis l'acte juridique une déclaration de

---

1. Pour cette théorie, cons. mon volume *L'État, le droit objectif*, 1901, le chap. III, p. 138 et suiv., et *Manuel*, p. 210 et suiv.

volonté émanant d'une personne capable,
ayant pour objet une chose qu'elle peut vouloir déterminée par un but légal et faite dans
l'intention de créer une situation juridique.
L'effet de droit n'est point en réalité produit
par l'acte de volonté. La manifestation volontaire d'un individu quel qu'il soit, simple particulier, ou empereur, roi, président de la République, ministre, préfet, maire, est impuissante par elle-même à créer un effet de droit.
L'effet de droit est un fait social puisqu'il n'est
autre chose que la contrainte socialement im-
posée à une ou plusieurs volontés de faire ou
de ne pas faire quelque chose. Or une volonté
individuelle ne peut pas par sa seule force
produire un effet social. Mais si l'acte de volonté individuelle est déterminé par un but
social, s'il est conforme à la règle de droit,
s'il tend à créer une situation de droit, l'effet
se produit comme conséquence directe de
l'application de la règle de droit : c'est l'obligation pour la volonté, visée par l'acte, d'accomplir une certaine prestation ou de s'abstenir d'un certain agissement et cela sous la
sanction d'une contrainte sociale et dans les
pays civilisés d'une contrainte socialement
organisée.

Ainsi les actes faits par les agents publics ne sont que des actes de volonté individuelle. La volonté d'un administrateur, d'un juge, n'est pas une volonté d'une essence supérieure à celle des particuliers. Qu'on ne dise pas qu'ils sont les mandataires ou les organes d'une personne souveraine, l'État; ce ne serait qu'une fiction et l'on sait ce qu'il en faut penser. Si l'acte d'un agent public produit un effet, c'est seulement parce que et seulement lorsque il est un acte juridique, comme tout acte émané d'une volonté individuelle, et sous les conditions qui s'imposent à toute volonté individuelle.

Vous apercevez les conséquences pratiques d'une importance considérable qui découlent de cette proposition. Pendant longtemps on a considéré l'acte administratif comme un acte d'une nature toute spéciale, on l'entourait d'une sorte de respect superstitieux. L'administration apparaissait comme une puissance supérieure qui pouvait imposer sa volonté, comme autrefois les princes absolus, parce que telle était son bon plaisir. Elle ne reconnaissait qu'à elle-même le pouvoir d'apprécier la légalité des actes qu'elle avait faits. Elle planait comme une divinité mystérieuse et redoutable au-dessus des mortels effrayés, Je crois bien que beaucoup d'administrateurs ont encore la croyance intime qu'ils sont d'une essence supérieure. Mais le public devient sceptique. Du jour où l'on a compris et affirmé que l'acte administratif est un acte comme un autre, un acte qui ne tire aucune force particulière de la volonté de son auteur, un acte qui ne produit d'effet que s'il est conforme à la règle de droit et dans la mesure où il lui est conforme, la force arbitraire de l'administration a été brisée, et la frayeur superstitieuse qu'elle inspirait à beaucoup a été dissipée. Le droit administratif était dès lors véritablement fondé et le particulier protégé contre l'arbitraire[1]. Chaque jour l'admirable jurispru-

1. Je tiens à dire que c'est à M. Hauriou, le savant doyen de Toulouse, que reviennent surtout le mérite et l'honneur d'avoir affirmé le premier que l'acte administratif était un acte juridique et comme tel saisi par le droit. Cf. les six éditions du *Précis de droit administratif.* Dans *Principes de droit public*, 1910, M. Hauriou définit l'acte juridique une action en voie d'accomplissement qui tend à un résultat juridique, que cette action soit une décision individuelle ou qu'elle soit une cérémonie sociale (p. 147). A la p. 600 du même ouvrage il écrit : « L'acte juridique, c'est la décision exécutoire en vue de produire un effet de droit... (dans le droit administratif) les décisions exécutoires occupent une grande place..., dans ces décisions, la personnalité juridique des administrations publiques, tantôt est engagée, tantôt ne l'est pas ». Sur ce point, la pensée de M. Hauriou nous paraît obscure.

dence du conseil d'État applique, consciem-
ment ou inconsciemment, peu importe, les
conséquences de cette notion nouvelle que je
résume d'un mot : l'acte administratif est un
acte émané d'une volonté particulière, et il ne
peut produire d'effet que dans la mesure où il
est conforme à la règle de droit.

VI

RÉFUTATION D'OBJECTIONS

Cependant cette proposition rencontre certaines objections. On dit d'abord : la proposition qui précède est vraie pour beaucoup d'actes administratifs, pour ceux que dans une terminologie aujourd'hui admise on appelle les actes de *gestion*. Mais il y a beaucoup d'actes émanés des agents publics qui ont certainement un caractère particulier. Ce sont ceux qu'on appelle les actes d'*autorité* ou de *puissance publique*. De ceux-là l'on ne conçoit pas qu'ils puissent être faits par de simples particuliers. Il faut donc que les agents qui les font aient une qualité propre, qui leur permet de conférer à ces actes ce caractère spécial, et cette qualité propre ne peut être qu'une délégation de la puissance publique.

L'objection a été surtout formulée par mon savant collègue et ami M. Berthélemy[1]. Je

1. *Droit administratif*, 6ᵉ édit., 1910, p. 38 et suiv.

comprends que l'on attribue à l'acte dit d'*auto-*
rité ou de *puissance publique* un caractère propre se rattachant à la qualité de l'agent, quand
on admet la doctrine qui reconnaît la personnalité de l'État. Mais je ne le comprends plus
quand, comme M. Berthélemy, on nie énergiquement la personnalité de l'État puissance
publique et quand on affirme que les agents
d'autorité n'agissent jamais comme mandataires ou organes d'une personne collective
publique, mais expriment vraiment leur volonté individuelle[1]. Comment, si M. Berthélemy admet que l'acte émane réellement de la
volonté individuelle de l'agent, peut-il admettre en même temps que certains agents donnent à leurs actes un caractère particulier?
Parce que, dira-t-il, la loi leur attribue cette
compétence. Oui ; mais la loi ne peut transformer le caractère d'une volonté, faire qu'une
volonté individuelle ne soit plus une volonté
individuelle et devienne supérieure à une
autre volonté.

Je comprends très bien que l'on dise : l'acte

1. *Droit administratif*, p. 38, et aussi *Préface* de l'édition française du *Droit administratif* de Otto Mayer, 1903.
« La notion de personnalité morale de l'État... dit
M. Berthélemy, est au contraire étrangère aux actes d'autorité. »

administratif a un caractère particulier parce
que, par l'organe de l'agent, il émane d'une
personne collective, dont la volonté est par
nature supérieure aux volontés individuelles.
C'est faux ; c'est une fiction pure ; mais c'est
logique. Je ne comprends pas que l'on dise
comme M. Berthélemy : l'État puissance publique n'a pas de personnalité ; les actes administratifs émanent tous de la volonté individuelle des agents, même ceux qualifiés actes
d'autorité ; et cependant ceux-ci ont une force
propre, une valeur que ne peuvent pas avoir
les actes émanés d'une volonté particulière.
C'est évidemment contradictoire.

De plus, en disant qu'il y a des actes d'autorité que l'on reconnaît à ce que l'on ne conçoit pas qu'ils puissent être faits par de simples particuliers, on tombe dans un véritable
cercle vicieux. En effet, s'il y a certains actes
qui nous paraissent ne pouvoir être faits que
par des agents de l'État, c'est qu'ils se rattachent à une activité qui, en fait, à un moment
et dans un pays donnés, est monopolisée par
l'État. C'est seulement ce monopole qui nous
fait attribuer un caractère particulier à ces
actes. Mais en réalité ces actes n'ont rien de
spécial ; ils pourraient très bien ne pas être

accomplis par des agents de l'État et à certaines époques ils ne l'étaient point. On donne comme exemple les opérations de police, desquelles on dit qu'elles se rattachent certainement à l'exercice de la puissance publique, parce que l'on ne conçoit point que de pareilles opérations soient accomplies par des particuliers. Cela n'est pas exact. Rien ne s'opposerait à ce que les opérations de police fussent exécutées par des associations privées et il en a été parfois ainsi. Tous ceux qui ont lu *Don Quichotte* se rappellent les démêlés du Chevalier de la Manche avec la Sainte-Hermandad, laquelle n'était qu'une association privée faisant la police des campagnes espagnoles. Aujourd'hui l'État a monopolisé la police depuis longtemps, et c'est parce que ce monopole est ancien qu'il nous semble que seul l'État peut faire la police.

Autre exemple : la juridiction, dira M. Berthélemy, est bien l'exercice de la puissance publique, parce que l'on ne conçoit pas que les particuliers fassent des actes de cette espèce. Ce n'est point encore exact. Rien ne s'opposerait à ce que le service de justice fût assuré par des arbitres privés. La justice privée a été un moment le rêve de la Convention, malgré ses principes autoritaires. De bons auteurs estiment que presque partout le régime de justice privée a précédé le régime de justice publique.

D'une seule catégorie d'actes on peut dire qu'ils ne peuvent être faits que par les gouvernants ou au nom des gouvernants : ce sont ceux qui impliquent l'emploi d'une force matérielle supérieure à toute force matérielle se trouvant dans un pays donné. Ce sont de simples actes d'exécution, desquels il n'y a point à rechercher le caractère juridique. On ne demandera pas, je suppose, quel est le caractère juridique de l'acte du bourreau qui tranche une tête. La distinction des gouvernants et des gouvernés dans un pays est un fait de plus grande force. Les gouvernants sont ceux qui monopolisent la force. Seuls ils peuvent faire les actes qui impliquent l'emploi d'une force de contrainte supérieure à toute résistance. Mais cela ne donne point à l'acte qui est fait un caractère juridique spécial. L'acte est purement matériel ; c'est une force qui brise une autre force ; ce n'est point une volonté qui prétend s'imposer à une autre volonté en vertu d'un pouvoir juridique propre.

En réalité cette distinction des actes de ges-

tion et des actes d'autorité se réduit à la distinction toute simple des actes unilatéraux et des
actes contractuels. La déclaration de volonté
produit un effet de droit, quand elle réunit les
conditions précédemment indiquées, qu'elle
soit unilatérale ou contractuelle. Même la déclaration de volonté unilatérale d'un particulier peut créer un effet de droit. Disparaît peu
à peu cette vieille croyance des juristes orthodoxes que seul le contrat peut donner nais-
sance à une situation de droit. On a cru longtemps que le pouvoir de créer un effet de droit
par un acte unilatéral était un privilège de
l'autorité publique ; voilà pourquoi l'on a
donné le nom d'acte d'autorité aux actes unilatéraux faits par des agents publics. Mais les
particuliers peuvent aussi par un acte unilatéral créer une situation de droit. Il n'y a donc
point de différence à faire ; que l'acte de
l'agent public soit unilatéral ou contractuel,
il a, comme celui d'un particulier, le même
caractère ; il produit les mêmes effets de droit
et aux mêmes conditions [1].

---

1. La diminution du rôle du contrat dans les rapports
sociaux me paraît un fait incontestable ; elle est la conséquence d'une conscience chaque jour plus nette de l'interdépendance sociale. Dans un système social fondé sur le
droit subjectif attaché à la personne humaine elle-même,

Reste à savoir quand l'agent agira par acte unilatéral, quand par contrat. A cette question

l'étendue de la sphère juridique de chaque individu ne peut être modifiée en plus ou en moins qu'avec son propre consentement, et partant une situation juridique ne peut naître qu'avec le consentement concordant du sujet actif et du sujet passif dans cette situation. Seule une volonté supérieure, la volonté de l'Etat, peut modifier par un acte unilatéral la sphère juridique d'une personne. Mais à mesure que la notion de droit subjectif disparaît pour faire place à la notion de droit objectif fondé sur l'interdépendance sociale, les choses changent. Il n'est plus question de sphère juridique d'une personne humaine ; l'acte de volonté individuelle produit un effet de droit quand il est un acte social, c'est-à-dire quand il a pour but et pour effet de coopérer à l'interdépendance sociale, et ce caractère est tout à fait indépendant de son caractère unilatéral ou contractuel. De tout temps l'on a admis que dans certains cas la volonté unilatérale pouvait faire naître des obligations entre particuliers ; on expliquait cela par une fiction ; on disait que l'obligation naissait comme d'un contrat. Ce vieux procédé de la fiction n'est plus de mise aujourd'hui : l'obligation naît parce que la déclaration de volonté, quoique unilatérale, réunit les conditions de l'acte juridique ; elle naît toutes les fois qu'il en est ainsi. C'est pour cela et seulement pour cela que l'obligation naît d'actes unilatéraux faits par les agents publics, et qu'elle naît de plus en plus fréquemment d'actes unilatéraux émanés de simples particuliers. Il importe aussi de noter que par une inexactitude de langage regrettable, on parle souvent de contrat dans des cas où il n'y a pas de contrat en réalité. Il en est ainsi par exemple des actes qualifiés inexactement de contrats d'association, de contrats d'adhésion, de contrats collectifs. Cf. mon *Manuel*, p. 236, et aussi l'*État, le droit objectif*, p. 53. — V. aussi Hauriou, *Droit administratif*, 6ᵉ édit., p. 23, tout le § intitulé : *L'institution, le contrat et le commerce juridique*. Il oppose très justement au contrat proprement dit « *l'adhésion à un fait* se retrouvant dans tous les phénomènes de consentement propres à l'institution » (p. 23 et 552). J'ai

il est impossible de faire une réponse générale. Il n'est pas de fonction de l'État qui ne
puisse être remplie soit par contrat soit par
acte unilatéral. Tout dépend des faits, de
l'état social, de la conscience que l'on se forme
à l'époque considérée du rôle des gouver-

lu et relu la théorie de l'*institution* développée par mon
savant ami dans la dernière édition de son *Précis*. Finalement je crois qu'elle se rapproche beaucoup de la distinction que j'ai exposée dès 1901 (*L'État, le droit objectif*,
p. 140 et 196) entre les *situations de droit objectif* et les
situations juridiques subjectives. Si l'*institution* prend
dans les sociétés modernes l'importance que met très justement en relief M. Hauriou, c'est précisément une conséquence de la substitution progressive du droit objectif au
droit subjectif. Dans son livre *Principes de droit public*
M. Hauriou est revenu longuement sur sa doctrine de
l'*institution*, sans d'ailleurs la rendre plus claire (p. 124-
167). A la p. 213, M. Hauriou écrit : « ... Peu à peu l'institution sociale reprend de la force comme figure juridique
et le contrat, après avoir régné souverainement dans le
droit contemporain va voir décliner son prestige. On cons-
tatera que toutes les fois qu'il est à long terme, ou toutes
les fois qu'il intéresse des collectivités, il s'absorbe dans
l'institution. » Quant à l'*institution* « elle est une organisation sociale... qui a réalisé dans son sein une *situation
juridique* » (p. 129). Quant à la *situation juridique* elle présente « ce caractère essentiel que l'état de choses doit être
maintenu parce qu'il a un but et répond à une fonction »
(p. 97). — M. Hauriou écrit (p. 99, note 1) que je lui ai
reproché de m'avoir emprunté la notion de situation juridique. On a vu par le commencement de la note que je ne
me suis point permis de lui adresser de reproche, que
j'ai constaté seulement une certaine ressemblance entre
ce que j'appelle la situation de droit objectif née de la loi
et ce qu'il appelle la situation juridique contenue dans
l'institution, et je me suis félicité d'être arrivé de mon côté
à une conception analogue à celle de M. Hauriou.

nants et de leur mode d'action. Tout ce que
l'on peut dire, c'est qu'aujourd'hui la tendance
générale et certaine est la diminution constante du domaine contractuel. Beaucoup d'actes où naguère encore on voyait des contrats
nous apparaissent aujourd'hui comme des
actes unilatéraux. Je me borne à citer à titre
d'exemple les nominations des fonctionnaires[1],
les concessions de services publics[2], où l'on
s'accorde de plus en plus à voir des actes unilatéraux, et non des contrats.

Quelques auteurs ont dit que le critérium
auquel on peut distinguer l'acte unilatéral du
contrat est que celui-ci seul lie l'administration, quand on contraire l'acte unilatéral ne
l'oblige point et peut toujours être rapporté[3].
Il y a là une erreur contre laquelle je tiens à
protester. Assurément certains actes unilatéraux peuvent être rapportés comme certains
actes contractuels peuvent être résiliés par la
volonté d'une seule des parties. Mais cela ne

1. Cf. mon *Manuel*, p. 428 et suiv.
2. Cf. Jèze, *Revue du droit public*, 1907, p. 679, à propos de l'arrêt *Deplanque*, 31 mai 1907 ; mon article, même
revue, 1907, p. 411 ; et Hauriou, *Droit administratif*, 6ᵉ édit.
1907, p. 694.
3. V. notamment Hauriou, *Droit administratif*, 5ᵉ édit.,
1903, p. 557, note 1.

prouve point que l'acte unilatéral ne puisse
créer une obligation à la charge de l'administration. C'est une conséquence même de la
transformation politique que nous étudions
que l'acte unilatéral fasse naître une situation
de droit obligatoire, comme l'acte contractuel
lui-même. Par exemple de ce que la nomina-
tion des fonctionnaires, la concession des services publics sont des actes unilatéraux, il ne
suit point que l'administration ne soit pas
obligée à l'égard du fonctionnaire nommé, à
l'égard du concessionnaire. Ces obligations la
jurisprudence du conseil d'État les reconnaît
chaque jour. Dire que le contrat seul oblige
l'administration, c'est maintenir la conception
régalienne, c'est dire que l'État est au-dessus
du droit, c'est méconnaître cette conquête de
la conscience moderne, qui ne voit dans l'acte
administratif qu'un acte soumis aux conditions
de tout acte juridique [1].

Mais cela nous conduit à une objection qui,
au premier abord, peut paraître grave. Comment, nous disent les juristes orthodoxes, si
vous niez la personnalité de l'État, pouvez-
vous dire que l'État soit obligé ? Il ne peut

1. Cf. mon *Manuel*, p. 236.

pas y avoir d'obligation s'il n'y a pas une personne sujet de cette obligation. L'objection a d'ailleurs une portée générale et touche au vaste problème du sujet de droit que je ne veux point examiner ici [1]. En restant dans le domaine particulier de l'acte administratif, il est aisé de repousser l'objection. Il suffit de montrer comment se traduisent en fait les obligations nées, pour l'administration, d'un acte administratif. Quand on dit que l'administration, que l'État sont obligés, cela ne veut pas dire qu'une obligation est née pour cette prétendue personne, création de l'imagination scolastique des juristes, la personne collective État ; cela veut dire seulement que les agents publics, qui eux sont des êtres concrets et réels, sont tenus de s'abstenir d'un certain agissement ou tenus d'accomplir une certaine prestation. Quand on dit par exemple que l'État ne peut pas révoquer tel fonctionnaire, retirer telle concession, dans la réalité des choses, en éliminant toutes les fictions, cela ne veut pas dire autre chose que ceci : aucun agent de l'État n'est compétent pour révoquer tel fonctionnaire, pour retirer telle concession

1. V. le livre, déjà cité, de M. Michoud. *Théorie de la personnalité morale*, 1906-1909.

et tout acte de révocation serait nul et pourrait entraîner une responsabilité. La dette d'ar-
gent elle-même n'implique point une personnalité patrimoniale de l'État. Quand on dit que
l'État est débiteur d'une certaine somme, cela
veut dire tout simplement que les agents compétents sont obligés de délivrer un mandat
de paiement à telle personne sur la caisse publique et que le comptable des deniers de
l'État est obligé de payer au porteur du mandat la somme indiquée. Voilà les faits ; ils sont
très simples, et je ne sais pourquoi on veut
coûte que coûte les faire rentrer dans les cadres étroits et vermoulus de la vieille technique juridique.

VII

LA RESPONSABILITÉ DE L'ÉTAT

Ces obligations apparaissent d'une manière particulièrement saillante dans ce que l'on appelle la responsabilité de l'État, pour laquelle s'élabore sous nos yeux un droit nouveau, création de notre conseil d'État, qui laisse bien loin derrière elle l'œuvre si vantée du préteur romain. Nous devons nous y arrêter quelques instants ; cette jurisprudence est en effet une manifestation notable de la transformation qui s'accomplit dans la notion de l'État.

Pénétrés de la vieille conception régalienne nos juristes, il n'y a pas longtemps encore, affirmaient comme un dogme intangible l'irresponsabilité de l'État puissance publique. Dans leur pensée l'État est une personne d'essence supra-terrestre ; il peut se tromper ; il peut commettre des fautes, mais il est irresponsable. La puissance publique ne peut être soumise à la grande loi de la responsabilité ;

elle est au-dessus de cette loi qui n'est point faite pour elle.

M. Berthélemy, que je m'excuse de prendre si souvent à partie, parle encore dans son *Traité de droit administratif*, de l'irresponsabilité des administrations publiques à raison des actes d'autorité. Il écrit : « Les administrations n'ont à répondre des actes d'autorité des fonctionnaires que dans les hypothèses d'ailleurs nombreuses où la loi a prévu et organisé cette responsabilité [1]. »

A peine les juristes faisaient-ils une exception pour le cas où, même en dehors d'une expropriation proprement dite, il y avait un déplacement de richesse d'un patrimoine privé dans le patrimoine public. Alors on fondait la responsabilité de l'État, non pas sur l'idée d'une responsabilité générale de l'État agissant dans l'exercice de la puissance publique, mais sur l'inviolabilité du droit de propriété consacrée par l'article 17 de la Déclaration des droits [2].

Aujourd'hui au contraire une jurisprudence

1. 5ᵉ édition, 1908, p. 77, et 6ᵉ édit. 1910, p. 73.

2. C'est à cette idée que se rattachent de nombreux arrêts du conseil d'État qui depuis longtemps accordent des indemnités, pour dommages causés aux propriétés par l'exécutions de travaux publics. Cf. Hauriou, *loc. cit.*, p. 668.

s'affirme de plus en plus qui admet le principe général de la responsabilité de l'État. On
reconnaît cette responsabilité dans des hypothèses chaque jour plus nombreuses, où les
partisans de la notion classique de puissance
publique ne peuvent méconnaître que l'État
intervient comme puissance. A la vérité on
maintient l'expression consacrée de puissance publique, mais on donne des solutions
qui en sont en réalité la négation. Le temps
est déjà loin, quoi qu'en dise M. Berthélemy,
où l'on ne reconnaissait la responsabilité de
l'État puissance que dans les cas où la loi la
consacrait expressément, aux cas par exemple
d'expropriation, de réquisitions militaires,
d'erreurs judiciaires d'après la loi 1895 sur la
revision des procès criminels, ou au cas où il
y avait un déplacement de valeur d'un patrimoine privé dans le patrimoine public. Le
conseil d'État n'hésite plus à déclarer l'État
responsable dans presque tous les domaines
de son activité. Il est responsable par exemple
lorsqu'il s'abstient de prendre les mesures
de police nécessaires pour assurer la sécurité
de la navigation[1], la protection des personnes

1. Deux arrêts du conseil d'État (22 mars 1907, *Recueil*,
p. 292, *Fournier* et *Desplanches*) décident que l'État doit

et des choses lorsque sont accomplies des opérations matérielles de police irrégulières ou insuffisantes [1], lorsqu'il est procédé *témé-*

ètre déclaré responsable de la perte d'une gabarre et de la mort des marins qui la montaient, résultant de l'abordage dans le chenal de la Gironde d'une épave de navire abandonnée en vertu de l'art. 216 du code de commerce et que l'administration avait négligé d'éclairer.

1. Pour établir que la jurisprudence du conseil d'État est conforme à la proposition d'après laquelle l'État n'est pas responsable à l'occasion des actes d'autorité, M. Berthélemy (6ᵉ édit, 1910) cite encore l'arrêt *Lepreux*, 13 janvier 1900, où on lit : « Considérant qu'il est de principe que l'État n'est pas en tant que puissance publique et notamment en ce qui touche les mesures de police responsable de la négligence de ses agents... » Depuis 1899 le conseil d'État a complètement abandonné cette jurisprudence. La remarquable note publiée par M. Hauriou sous cet arrêt (S., 1900, III, p. 1) n'a point été étrangère à ce changement. Dans une espèce identique à celle de l'arrêt *Lepreux*, le conseil d'Etat (arrêt *Thomaso Grecco*, 10 février 1905, *Recueil*, p. 139) a reconnu le principe de la responsabilité de l'État au cas où les agents chargés de la police n'ont pas pris les mesures suffisantes pour assurer la sécurité des personnes. Cf. les remarquables conclusions de M. Romieu, *Recueil*, 1905, p. 139 et la note de M. Hauriou sous l'arrêt, S., 1905, III, p. 113. Rap. des deux arrêts du 22 mars 1907 (voir la note précédente) reconnaissant la responsabilité de l'État à l'occasion de la police de la navigation. Ainsi on peut considérer comme établie la jurisprudence d'après laquelle l'Etat est responsable du préjudice causé à des particuliers par la négligence ou l'imprudence de ses agents en matière de police. On ne saurait opposer l'arrêt *Ginière* du 5 février 1904 (*Recueil*, p. 88), qui est antérieur aux décisions qui précèdent et qui est motivé en fait. Le conseil d'État a encore très nettement reconnu la responsabilité de l'Etat en matière de puissance publique par l'arrêt *Pluchard* du 24 décembre 1909 en accordant une indemnité au requérant

rairement à une exécution préalable[1]. En outre vous connaissez certainement les remarquables conclusions de M. le commissaire du Gouvernement Teissier, à la suite desquelles dans l'affaire Leberre le conseil d'État a reconnu la responsabilité de l'État au cas de révocation illégale et même simplement injustifiée d'un fonctionnaire[2].

qui avait été renversé à Saint-Denis par un agent de police poursuivant un malfaiteur qui venait de commettre un vol, à l'étalage « considérant que dans les circonstances où s'est produit l'accident et en l'absence de toute négligence ou imprudence de la victime, il doit être attribué à une faute du service public engageant la responsabilité de l'État. »

1. Arrêt *Zimmermann*, 27 février 1903, *Recueil*, p. 178. « Considérant, est-il dit dans l'arrêt, que si le préfet a exercé un droit qui lui était conféré par l'art. 69 de la loi du 22 juillet 1889, il n'a pu l'exercer qu'*aux risques et périls de l'administration*. » V. l'intéressante note de M. Hauriou sous l'arrêt, S., 1905, III, p. 17, et au *Recueil*, les conclusions de M. le commissaire du gouvernement Romieu.

2. Sur les très remarquables conclusions de M. Teissier, le conseil d'État par l'arrêt *Leberre* (29 mai 1903, *Recueil*, p. 414) reconnaît qu'un sous-officier qui a été l'objet de deux cassations successives de son grade irrégulièrement prononcées comme contraires aux lois des 23 juillet 1881 et 18 mars 1882, est recevable à demander à l'État une indemnité pécuniaire à raison du préjudice moral ou matériel que cette mesure lui a causé. Aujourd'hui, le conseil d'État décide que les fonctionnaires *municipaux*, révoqués même régulièrement, sont fondés, lorsqu'aucune faute ne peut leur être reprochée, à demander une indemnité de licenciement. Cette jurisprudence ébauchée par l'arrêt *Villenave contre ville d'Alger*, 11 décembre 1903 (*Recueil*, p. 767 et S., 1904, III, p. 121, note de M. Hau-

Ce n'est pas tout. L'irresponsabilité de l'État paraissait incontestable lorsqu'il agissait par voie d'acte réglementaire parce que, disaient les uns, la souveraineté se manifeste alors à un degré éminent[1] (ce qui d'ailleurs était contradictoire, car si la souveraineté existe elle est un droit absolu, elle n'est susceptible ni de plus ni de moins). L'État, disaient les autres (et je l'ai moi-même écrit[2]), est irresponsable parce que, le règlement étant une disposition par voie générale, il n'entre pas alors en relation, en commerce juridique suivant l'expression de M. Hauriou, avec une personne déterminée et par conséquent ne peut être déclaré responsable à

riou) a été très nettement affirmée par l'arrêt *Lacourte contre la ville du Cateau*, 15 février 1907 (*Recueil*, p. 156). La révocation est régulière, mais le conseil d'État accorde l'indemnité « considérant que la révocation, dans les circonstances où elle est intervenue, a causé au sieur Lacourte un préjudice dont il est fondé à demander la réparation ». Nul doute que le conseil d'État n'étende cette jurisprudence aux fonctionnaires de l'État qui seraient révoqués sans cause. Cf. la note de M. Jèze, *Revue du droit public*, 1907, p. 236. Sur la responsabilité de l'État à l'occasion de l'exercice de la puissance publique, cons. Teissier, *Rép. droit admin.*, v⁰ *Responsabilité*, publié en volume séparé ; Tirard, *La responsabilité de la puissance publique*, 1906.

1. Teissier, *conclusions* pour l'arrêt Leberre, 29 mai 1903, *Recueil*, p. 415.

2. *Manuel*, p. 667.

l'égard de qui que ce soit. Eh bien ! cette irresponsabilité de l'État agissant par voie réglementaire est elle-même sur le point de disparaître. Dans un arrêt récent (6 décembre 1907) d'une importance capitale, rendu sur les conclusions de M. le commissaire du Gouvernement Tardieu et le rapport de M. le conseiller Romieu, le conseil d'État, par un considérant curieux, reconnaît en principe que la responsabilité de l'État peut être engagée, même à l'occasion d'un règlement, quand l'application de cet acte accroît directement les charges qui pèsent sur un patrimoine déterminé [1].

Il s'agissait du règlement d'administration publique du 1er mars 1901, qui a notablement augmenté les charges des compagnies de chemins de fer, telles qu'elles résultaient de l'ordonnance du 15 novembre 1846 et de leurs cahiers des charges. Les grandes compagnies attaquaient ce règlement par le recours pour excès de pouvoir, recours déclaré recevable, mais mal fondé [2]. Seulement dans l'un des con-

---

1. V. le texte de l'arrêt et les conclusions de M. Tardieu, S., 1908, III, p. 1 ; la *note* de M. Jèze, *Revue du droit public*, 1908, p. 38 et suiv.

2. Cf. *Manuel*, p. 1023 et suiv.

sidérants, le conseil d'État déclare que, si les
compagnies établissent que le nouveau règlement, fait par l'État dans la plénitude de ses
droits, ou plus exactement le règlement fait
régulièrement par des agents compétents, a
pour effet d'augmenter les obligations résultant pour elles de leurs cahiers des charges,
elles sont fondées à obtenir devant le juge du
contrat (c'est-à-dire le conseil de préfecture)
une indemnité. On est là bien loin de l'ancienne notion de puissance publique irresponsable, puisque l'on reconnaît cette responsabilité à l'occasion d'un règlement d'administration publique déclaré légal, considéré
comme fait sur délégation du Parlement et
paraissant ainsi une manifestation par excellence de la souveraineté. N'est-ce pas la négation même de l'*imperium* ?

On dira peut-être que le conseil d'État reconnaît la responsabilité de l'État parce que
dans l'espèce il y a violation même du contrat
qui lie l'État. — Que la haute juridiction ait eu
cette idée-là, ce n'est point douteux. Mais s'il
y avait réellement violation d'un contrat, l'acte
réglementaire serait nul, le conseil aurait dû
prononcer cette nullité et non point reconnaître
la validité du règlement et le principe de l'in-

demnité. La vérité c'est que la situation des compagnies concessionnaires est une situation règlementaire, que le gouvernement peut à tout moment modifier par un règlement. Mais si le nouveau texte accroît dans l'intérêt collectif les charges du concessionnaire, la caisse collective doit indemniser le patrimoine de celui-ci[1].

1. Rap. de l'arrêt précité du 6 décembre 1907, l'arrêt du 11 mars 1910 (*tramways de Marseille*) et les très remarquables conclusions de M. le commissaire du gouvernement Blum, *Gazette des tribunaux*, 9 et 10 mai 1910 et *Revue du droit public*, 1910, p. 270 avec une note de M. Jèze. — La loi du 3 décembre 1908 qui impose aux compagnies concessionnaires certaines obligations pour le raccordement des voies de fer avec les voies d'eau, contient un article 3 où il est dit : « Il sera statué par le conseil d'État sur les indemnités qui pourraient être réclamées par les compagnies à raison du préjudice qui leur serait causé par l'application de la présente loi. » Il est à remarquer que la loi n'établit pas le droit à l'indemnité, mais le suppose et se borne à déterminer la compétence. Le législateur reconnaît ainsi que la responsabilité de l'État peut être engagée à raison de l'application d'une loi sans qu'un texte spécial consacre cette responsabilité.

VIII

LA RESPONSABILITÉ DE L'ÉTAT

(Suite).

Ira-t-on plus loin encore? Arrivera-t-on à reconnaître la responsabilité de l'État en matière législative proprement dite? La question en ce moment même soulève un conflit entre la Chambre et le Sénat à propos du projet de loi tendant à interdire l'emploi du blanc de céruse pour les travaux intérieurs. Le Sénat saisi du projet de loi voté par la Chambre y a inscrit le principe de l'indemnité au profit des fabricants de céruse. La Chambre saisie à nouveau a repoussé l'indemnité et la question est en ce moment pendante devant la Chambre haute[1]. Il faut d'ailleurs poser la

1. Finalement une commission interparlementaire a été nommée, et il est intervenu une sorte de transaction entre la Chambre et le Sénat. La loi du 20 juillet 1909 interdit l'emploi du blanc de céruse dans tous les travaux de peinture et n'assure aucune indemnité aux fabricants; mais l'art. 2 porte que la loi ne s'appliquera qu'à l'expiration de la 5e année qui suivra sa promulgation.

question d'une manière générale et se demander si le législateur qui fait une loi, dont l'application entraînera pour certains individus un préjudice particulier, est tenu, en vertu de la règle de droit, d'inscrire dans la loi le principe d'une indemnité due à ceux-ci.

Je réponds sans hésiter : non ; et cette réponse est la conséquence logique du caractère que nous avons reconnu à la loi. Celle-ci, ai-je dit, est la constatation du droit objectif, la formule ou la mise en œuvre de la règle de droit. Si le législateur faisant une loi nouvelle accordait une indemnité à ceux qui subissent un préjudice de ce fait, il reconnaîtrait que la loi qu'il édicte ne formule pas le droit, est elle-même, au moins pour certains, contraire au droit. Ce qui est contradictoire avec la notion même de loi[1].

Il est des cas où cette solution est évidente. Si l'on suppose par exemple que dans un pays comme l'Angleterre, qui ne punit pas le recel, soit faite une loi nouvelle le punissant, on ne soutiendra pas, je pense, que les individus ou les sociétés, qui ont organisé ostensiblement à Londres des maisons de recel, pour-

1. Cf. Barthélemy, *Revue du droit public*, 1907, p. 92 ; mon *Manuel*, p. 667 et 1113, contre l'indemnité.

raient légitimement prétendre que la loi
nouvelle devait reconnaître leur droit à une
indemnité. De même s'il est scientifiquement
établi que l'emploi du blanc de céruse dans les
travaux intérieurs est mortel pour les ouvriers,
les fabricants de cette substance ne peuvent
prétendre à une indemnité, car le législateur
ne fait qu'édicter une règle conforme au droit
en prohibant l'emploi d'un produit toxique.
De même que si un jour, prochain je l'espère[1],
la loi interdit la fabrication et la vente de
l'absinthe en France, les fabricants de ce poi-
son ne pourront demander aucune indemnité : ce sont des empoisonneurs publics,
dont très légitimement le législateur prohi-
bera la coupable industrie[1].

Aussi j'approuve entièrement M. Viviani,
ministre du travail, quand il demandait à la

1. On a pu lire dans le *Matin* du 25 mars 1908 :
« M. Béranger a appuyé devant le groupe antialcoolique
du Sénat, la proposition que M. de Lamarzelle a l'intention
de déposer pour prohiber la vente de l'absinthe. Le groupe
a approuvé cette mesure. » Dans la séance du 10 juillet 1908, le Sénat a pris cette proposition en considéra-
tion. La Chambre a été saisie par M. Buisson d'une proposition dans le même sens. Cf. rapport de M. Schmidt,
déposé le 13 juillet 1909. En Suisse sur initiative populaire,
la loi du 25 juillet 1910, promulguée après un vote populaire où elle a été approuvée à 100.000 voix de majorité,
interdit la fabrication et la vente de l'absinthe. Cf. Secré-
tan, *Revue polit. et parl.*, septembre 1908, p. 656.

commission du Sénat de proposer à la Haute
assemblée d'adopter la solution de la Chambre
et de rejeter le principe de l'indemnité.

Une autre question se pose, différente de
la précédente. Une loi prise comme telle n'entraîne pour personne aucun préjudice spécial ;
elle autorise seulement l'autorité administrative à prendre certaines mesures individuelles
laissées à sa libre appréciation. Par hypothèse
la loi ne contient point le principe d'une indemnité. Dans ces conditions les tribunaux
peuvent-ils accorder une indemnité à ceux qui
subissent un préjudice dérivant pour eux de
l'application individuelle à eux faite de la loi
par une décision administrative? Si l'on adopte
l'idée qui paraît avoir inspiré le conseil d'État
dans l'arrêt précité des grandes Compagnies
(6 décembre 1907), je ne vois pas pourquoi les
tribunaux refuseraient l'indemnité[1]. On reconnaît la responsabilité de l'État pour le préjudice
causé par l'application individuelle d'un règlement. Pourquoi n'en serait-il pas de même pour
l'application individuelle de la loi? On ne peut
pas dire que la loi est une manifestation plus

---

1. On a cité précédemment la loi du 3 décembre 1908
dont l'art. 3 paraît bien reconnaître implicitement cette
solution.

complète de la souveraineté que le règlement, puisque si l'on admet la souveraineté elle n'est pas susceptible de degrés, et qu'au surplus nous ne l'admettons point[1].

Toutefois la responsabilité de l'État ne serait certainement pas engagée, si la loi autorisait le Gouvernement à prononcer par mesures individuelles la fermeture de certains établissements, en raison de la nocivité des produits qui y sont fabriqués, par exemple les établissements où l'on fabrique de l'absinthe pour reprendre l'exemple de tout à l'heure. On ne devrait pas plus d'indemnité à ces fabricants dont l'usine serait fermée qu'on n'en devrait aux souteneurs ou aux apaches dont une loi nouvelle autoriserait l'arrestation par voie administrative.

Ainsi à mesure que disparaît la notion romaine, régalienne et jacobine de l'État, le principe de la responsabilité publique s'affirme plus énergiquement et son domaine s'élargit. Mais ne peut-on pas dire : reconnaître la res-

1. C'est ainsi que très justement la loi du 14 mars 1904, relative aux bureaux de placement, décide qu'une juste indemnité sera payée aux tenanciers de bureaux supprimés par voie administrative (art. 1). Le principe de l'indemnité n'aurait-il pas été inscrit dans la loi, j'estime que les tribunaux, régulièrement saisis, auraient dû légalement en attribuer une.

ponsabilité de l'État, c'est reconnaître sa personnalité, puisque la responsabilité implique une obligation fondée sur une faute ; or l'État ne peut être obligé que s'il est une personne et ne peut commettre une faute aussi que s'il est une personne.

L'objection, qui au premier abord paraît sérieuse, au fond ne porte pas. Je ne veux point ici étudier en détail le fondement de la responsabilité de l'État, ce qui m'entraînerait beaucoup trop loin. Mais il est facile de montrer en quelques mots que ce que nous appelons la responsabilité publique n'implique nullement la personnalité de l'État.

Cette responsabilité ne se rattache pas toujours au même principe. Dans certains cas elle a pour cause la nécessité de réparer avec les fonds de la caisse collective le préjudice particulier subi par un individu dans l'intérêt collectif. Elle est alors fondée uniquement sur le risque : la caisse publique est une caisse d'assurance mutuelle des individus contre les dommages à eux occasionnés dans l'intérêt public. Il en est ainsi toutes les fois que l'État est responsable sans qu'il y ait aucune violation du droit, aucune irrégularité commise, par exemple au cas d'expropriation, de réquisition, de dommages résultant de travaux publics.

Dans d'autres cas au contraire, le service public a mal fonctionné ; il y a eu violation de la loi de service ; il y a eu faute, et c'est pour cela que l'État est responsable. Mais cette faute c'est le fonctionnaire qui l'a commise, ce n'est point l'État simple abstraction. Si l'on parle d'une faute de l'État, ce n'est qu'une métaphore [1]. Pour soutenir que l'État lui-même peut commettre une faute il faut revenir aux doctrines métaphysiques de personnalité collective, d'âme nationale dont je crois avoir fait justice. Le fait, c'est une faute commise par des hommes, les agents d'un service public. Alors se pose la question de savoir quel patrimoine supportera définitivement les conséquences de cette faute. Si elle est personnelle au fonctionnaire [2], c'est-à-dire si celui-ci a agi dans

1. Si l'on veut se rendre compte des solutions artificielles auxquelles conduit la scolastique juridique chère à quelques juristes, on pourra lire le livre d'ailleurs très remarquable de M. Mestre, *Les personnes morales et le principe de leur responsabilité morale*, 1899.

2. Pour la détermination de la faute personelle, cf. *Libres entretiens*, mars 1908 ; et mon volume *L'État, les gouvernements*, 1903, p. 773 et *Manuel*, p. 457 et suiv. Cf. aussi *Tribunal des conflits*, 2 juin 1908 dans l'affaire de l'instituteur Morizot, qui avait prononcé des propos obscènes dans sa classe et adressé des injures grossières à la religion ; le tribunal des conflits a vu là une faute per-

un but étranger au fonctionnement du service
public, c'est sur son propre patrimoine que le
préjudice devra être réparé. Si au contraire il
y a une faute de service, c'est-à-dire si le fonctionnaire, tout en commettant une faute, a agi
dans le but d'assurer le fonctionnement du
service, l'indemnité due à la victime de la faute
sera prise dans la caisse publique. M. Hauriou
a dit qu'alors l'État était responsable pour
faute [1]. Il faut s'entendre. L'État n'est pas responsable d'une faute qu'il ne peut pas commettre, pour cette bonne raison qu'il n'est pas
une personne. Mais la caisse collective assure
l'administré contre le préjudice provenant pour
lui du mauvais fonctionnement d'un service
public dû à la faute d'un ou plusieurs fonctionnaires. Cette assurance est de droit puisque c'est dans l'intérêt collectif qu'est établi
le service public.

Ainsi par ces notions nouvelles de la loi,
des obligations négatives et positives s'impo-

sonnelle pouvant entraîner la responsabilité de l'instituteur (*Recueil*, 597 ; Sirey, 1908, III, p. 83, avec les très
remarquables conclusions de M. le commissaire du gouvernement Tardieu).

1. *Note* sous l'arrêt *Tomaso Grecco*, 10 février 1905,
Sirey, III, p. 113. — Cf. mon *Manuel*, p. 670.

sant aux gouvernants, de l'acte administratif, de la responsabilité de l'État, on voit comment s'élabore un régime politique nouveau duquel seront définitivement éliminés les concepts métaphysiques de personnalité et de souveraineté, dont je me suis attaché d'abord à montrer le néant et le danger.

Il me reste à étudier le second élément de la transformation politique, la décentralisation ou le fédéralisme syndicaliste. Ce sera l'objet de la prochaine et dernière conférence.

TROISIÈME CONFÉRENCE

MESDAMES, MESSIEURS,

En même temps que le gouvernement central se transforme et s'organise sur le fondement du droit objectif, apparaît un autre arrangement social d'une importance considérable, et que j'ai appelé la *décentralisation* ou le *fédéralisme syndicaliste*. Les différentes classes sociales prennent conscience à la fois de leur autonomie et de leur interdépendance. Elles se donnent par le syndicalisme une structure juridique définie ; elles tendent même à acquérir la direction de la besogne sociale qui en fait leur incombe ; elles viennent limiter l'action du gouvernement central, devant la réduire dans un avenir, peut-être prochain, à un simple rôle de contrôle et de surveillance. Ainsi, j'en ai la conviction, le mouvement syndicaliste, après une période plus ou moins longue de troubles et peut-être de violences, pourra donner à la société politique et économique de demain une cohésion et une intégration que n'a point connues depuis des siècles notre société française.

I

CRITIQUES DU SYNDICALISME
RÉVOLUTIONNAIRE

Mais je tiens avant tout à éviter un malentendu. Une école bruyante se qualifie d'école *syndicaliste révolutionnaire* ; elle a pour organe une revue *Le Mouvement socialiste* où écrivent des hommes distingués M. Lagardelle, M. Georges Sorel, M. Édouard Berth, duquel j'ai déjà fait quelques citations. Nul n'a montré mieux que lui la décomposition de l'État régalien, et l'importance capitale du mouvement syndicaliste actuel. Une association tapageuse, la Confédération générale du travail, avec son journal *La Voix du Peuple*, veut dès à présent appliquer les doctrines du syndicalisme révolutionnaire et se présente comme l'organe essentiel déjà formé de la société nouvelle constituée sur le principe du syndicalisme [1].

1. Cf. Paulowski, *La confédération générale du travail*

Je crois absolument à la profondeur et à l'importance du mouvement syndicaliste ; mais je tiens à dire nettement sur quels points très précis je répudie énergiquement les doctrines du syndicalisme révolutionnaire.

D'abord je repousse avec la dernière énergie ce que les syndicalistes révolutionnaires, à la suite de M. Georges Sorel, appellent pompeusement la théorie de la violence et le mythe de la grève générale. M. Georges Sorel a notamment écrit : « La violence vient naturellement prendre place dans notre système : d'un côté un progrès rapide de la production conduit par un capitalisme déchaîné, et de l'autre une organisation croissante du prolétariat qui acquiert des qualités de puissance dans les luttes violentes que les grèves entraînent, voilà les deux conditions du syndicalisme

(F. Alcan), 1910 ; E. Poujet, *La Confédération générale du travail*, 1908 ; Lagardelle, *Mouvement socialiste*, 3ᵉ série, I, p. 46, 1907, le résumé des doctrines de l'école syndicaliste révolutionnaire ; Id., *Le syndicalisme*, dans *Documents du progrès*, avril 1908, p. 299 ; Griffuelhes, *L'action syndicaliste*, 1908 ; Id., *Le syndicalisme révolutionnaire*, 1909. Rapp. Challaye, *Le syndicalisme révolutionnaire*, *Revue de métaphysique*, janvier 1907, p. 303 et mars 1907, p. 256 ; Villey, *Les nouvelles forces sociales, le syndicalisme*, *Revue d'économie politique*, 1907, p. 721, et aussi la bibliographie très complète donnée par M. Paulowski à la p. 153 du livre cité au commencement de la note.

révolutionnaire [1]. » Ainsi pour M. Georges Sorel la violence est la condition même du progrès.

C'est ce contre quoi je proteste énergiquement. La violence est essentiellement destructive ; elle est en effet source de souffrance et de mort. La régénération et le progrès par la souffrance, c'est une doctrine qui m'indigne ; elle peut servir de thème aux paradoxes d'un Joseph de Maistre ; elle peut plaire à quelques individus exaltés recherchant par une perversion des sens la volupté des macérations. Mais elle est une doctrine de mort.

Je repousse énergiquement aussi la grève générale. Comprenant qu'elle est matériellement impossible, parce que, si elle se réalisait, les grévistes seraient les premiers à en souffrir, puisqu'ils sont consommateurs avant d'être producteurs, les syndicalistes révolution-

1. G. Sorel, *Réflexions sur la violence, Mouvement socialiste*, 2ᵉ série, XVIII, 1906, p. 5, 140, 256, 300, spécial., p. 266 ; XIX, 1906, p. 33 et publié en volume, 1907. L'auteur conclut ainsi : « Le lien que j'avais signalé... entre le socialisme et la violence prolétarienne, nous apparaît maintenant dans toute sa force. C'est à la violence que le socialisme doit les hautes valeurs morales par lesquelles il apporte le salut au monde moderne. » V. la lettre de M. G. Sorel à M. Daniel Halévy, laquelle sert d'introduction aux *Réflexions sur la violence*, publiées en un volume, *Mouvement socialiste*, 3ᵉ série, I, 1907, p. 137.

naires ont inventé cette jolie expression, le
mythe de la grève générale. Si je comprends
bien leur pensée, ils veulent dire que la grève
générale est impossible en fait, mais qu'il faut
répandre la croyance qu'elle est possible, lui
donner même le caractère d'une croyance
religieuse, et qu'ainsi on aura un moyen puissant de provoquer, d'exciter les luttes violentes et meurtrières, desquelles doit sortir la
société nouvelle et régénérée. M. Ed. Berth et
M. Georges Sorel vont même jusqu'à dire que
de même que le monde ancien a été régénéré
par le mythe de la divinité de Jésus-Christ,
de même le monde moderne sera renouvelé
par le mythe de la grève générale [1].

---

1. V. notamment G. Sorel, *La grève générale proléta-*
rienne, Mouvement socialiste, 1re série, XVIII, 1906, p. 256
et suiv.; Ed. Berth. *Ibid.*, 3e série, I, 1907, p. 397 et suiv.,
II, 1908, p. 203 et 221, où il écrit : « ... Le mythe de la
grève exprime la résurrection d'un peuple, prenant conscience de lui-même, de sa personnalité complexe, de son
unité spirituelle comme d'un tout indivisé. En face de l'in-
tellectualisation croissante, c'est-à-dire de la matérialisa-
tion croissante de la nouvelle décadence, comme autrefois
le christianisme en face de la décadence romaine...., en
face de cet éparpillement, de cette pulvérisation... où plus
rien de social ne subsiste..., un peuple se reforme autour
des ateliers, dans les syndicats, dans les grèves... Le syndicalisme, avec le *mythe de la grève générale*, revient
donner au socialisme une vigueur nouvelle... ». Cf.
G. Sorel, *La ruine du monde antique*, 1902; *Le système*
historique de Renan, 1906. Sur la grève générale, cons.

Ici encore je proteste, parce que cette théorie qui paraît savante n'est elle aussi qu'un moyen de provoquer la violence et d'aggraver l'intensité des luttes de classes. D'autre part gardons-nous d'apporter dans notre activité politique et sociale l'esprit de foi religieuse ; il a provoqué assez de souffrance dans le monde pour qu'il soit temps enfin de le tenir étranger aux rapports sociaux et de n'y voir qu'un état de conscience individuelle.

Enfin je repousse aussi l'idée beaucoup trop étroite que les syndicalistes révolutionnaires se forment du mouvement syndicaliste. Pénétrés de l'erreur colossale qu'a introduite Karl Marx, les syndicalistes révolutionnaires ne voient dans les sociétés modernes en général et dans la France en particulier que deux classes opposées et en guerre, la classe bourgeoise ou capitaliste, et la classe ouvrière ou prolétarienne, ou comme ils disent les parasites et les producteurs ; et ils prêchent à tous les carrefours la lutte à main armée de la classe ouvrière contre la classe capitaliste. A cette lutte ils n'admettent ni trêve, ni transaction ; elle doit se poursuivre jusqu'à com-

Griffuelhes, *L'action syndicaliste*, 1908 ; Et. Buisson, *La grève générale*, 1905.

plet anéantissement de la classe bourgeoise.

Voici par exemple ce qu'écrivait dans le *Mouvement socialiste* M. Édouard Berth au mois de mai 1907 : « Il y a deux forces en présence, la force capitaliste et la force ouvrière : elles n'ont pas à se préoccuper l'une de l'autre. La classe ouvrière ne se voit nullement comme la partie d'un tout ; mais elle se considère comme étant un tout par elle-même ; ... elle veut la ruine totale de ses adversaires, le renversement absolu de l'ordre bourgeois et la création d'un ordre ouvrier. Il ne s'agit pas de composer ou de transiger avec la bourgeoisie, il s'agit de la détruire... Bien loin de chercher à atténuer l'*insolidarité*, il faut la creuser davantage, la poursuivre à fond et la transformer en une véritable lutte de classes[1]. » Et M. Lagardelle, dans la même Revue, au mois d'août 1907 : « Le syndicalisme est l'attaque contre les détenteurs du capital et la revendication de la direction de la production par les groupes producteurs[2]. »

Ces cris de guerre n'expriment point la réalité sociale. La structure de nos sociétés modernes est quelque chose d'autrement

1. *Mouvement socialiste*, mai 1907, p. 488.
2. *Mouvement socialiste*, août 1907, p. 100.

compliqué que ne le semblent croire les collectivistes et à leur suite les syndicalistes révolutionnaires. On nous parle toujours de deux classes dont les intérêts s'opposent, la classe capitaliste et la classe ouvrière. Elles existent toutes deux ; elles sont souvent en conflit ; ce n'est point contestable. Mais il existe bien d'autres classes dans toutes les sociétés modernes et particulièrement en France. Si l'on ne voit que les deux classes capitaliste et ouvrière et leurs rapports, on ne voit qu'une toute petite partie du problème social et du problème politique qui lui est intimement lié. Si l'on ne voit dans le mouvement syndicaliste que l'organisation du prolétariat pour conquérir le capital et la direction de la production, on ne comprend point le vrai caractère de ce vaste mouvement ; on l'exploite pour y trouver un moyen criminel d'exciter les passions malsaines, de pousser les foules ignorantes au pillage et au sabotage, quand il n'est rien de moins qu'une évolution tendant à la redistribution de tous les éléments constitutifs de notre société.

II

\

LA VRAIE NOTION DE CLASSE SOCIALE

Que sont donc les classes sociales? Tout le
monde en parle ; mais il n'est point aisé d'en
trouver une définition même dans les écrits de
ceux qui en parlent le plus. S'il est incontestable qu'il y a des classes dans nos sociétés
modernes, il est non moins certain qu'elles ne
sont pas des groupements d'individus soumis
à des régimes juridiques définis et distincts.
Cela est d'évidence dans les pays, où comme
en France l'égalité civile et l'égalité politique
ont été réalisées. Puisque la différenciation
des classes n'est pas juridiquement définie,
les limites qui les séparent sont nécessairement extrêmement flottantes ; les déclasse-
ments sont très fréquents, et beaucoup
d'individus sont placés sur la ligne frontière
très indécise qui sépare deux classes voisi-
nes.

De nombreux faits pourraient montrer com-

bien on est loin de la vérité quand on prétend
qu'il n'y a dans les sociétés modernes que
deux classes, la classe capitaliste et la classe
ouvrière, entre lesquelles existerait une lutte
irrémissible jusqu'à complet écrasement de
l'une d'elles. Je ne citerai que quelques exem-
ples. En France un très grand nombre
d'individus, et peut-être la majorité sont à la
fois capitalistes et travailleurs. Notamment les
paysans petits propriétaires, qui cultivent eux-
mêmes leurs terres, avec l'aide de leur famille
et de quelques ouvriers. Ils sont, on le sait,
très nombreux dans toutes les régions de la
France. Et encore les chefs d'un commerce,
d'une industrie, qui font valoir eux-mêmes par
leur travail le petit capital qui leur appartient.
On dira, je le sais, que le petit commerce, la petite industrie sont sur le point de disparaître
devant les grands magasins et les grands ateliers. C'est possible; mais pour le moment
encore le petit commerce et la petite industrie
constituent une classe numériquement importante de la population. On l'a bien vu en 1887-
1889, à l'époque du mouvement boulangiste ;
c'est elle qui à Paris même le 27 janvier 1889
donnait au Général 80.000 voix de majorité. Et
il faut n'avoir pas parcouru une région quel-

conque de la France en automobile ou à bicy-
clette, pour pouvoir méconnaître la place considérable qu'occupe dans le pays la petite
bourgeoisie, à la fois ouvrière et capitaliste,
tant paysanne que citadine.

A un autre point de vue, on n'a pas une
vision plus exacte des choses quand on range
dans une même classe, la classe des salariés,
tous ceux qui n'ont point de capital et n'ont
pour vivre que le salaire de leur travail. L'ouvrier manuel dont le salaire est souvent
plus élevé que le traitement du petit em-
ployé ou du fonctionnaire n'appartient pas
à la même classe qu'eux, et cependant les
uns et les autres sont des salariés Quand les
fonctionnaires veulent se solidariser avec la
classe ouvrière, ce sont des naïfs qui se laissent prendre aux déclamations aussi creuses
que perfides des démagogues révolutionnaires [1].

1. C'est ainsi par exemple que les instituteurs ne font
que compromettre leur cause syndicaliste quand ils votent
des résolutions semblables à celle votée par leur congrès
de Lyon, le 17 avril 1908 : « Le congrès des syndicats
d'instituteurs, considérant que la réorganisation de l'enseignement primaire doit être l'œuvre de la collaboration
effective des professionnels (instituteurs) et des intéressés
(pères de famille) ; que cette collaboration ne peut s'exercer que par la réunion de représentants spécialement man-
datés des groupements corporatifs, décide : 1º Qu'un con-

Les éléments qui constituent les différentes classes sociales sont extrêmement nombreux et complexes. Mais l'un d'eux forme le caractère saillant et plus particulièrement représentatif. Il apparaît à mon sens si l'on rattache la différenciation des classes à la structure même de l'agrégat social et si l'on définit les classes dans nos sociétés modernes de la manière suivante : des groupements d'individus appartenant à une société donnée, entre lesquels existe une interdépendance particulièrement étroite parce qu'ils accomplissent une besogne du même ordre dans la division du travail social.

L'idée de division du travail social, si magistralement mise en relief par M. Durkheim, est en somme très simple[1]. Elle peut se résumer en cette proposition : l'interdépendance

grès mixte, composé des délégués des syndicats d'instituteurs et des délégués des syndicats d'ouvriers, se tiendra en 1909, à l'occasion du congrès corporatif de Pâques ; que ce congrès sera chargé de l'élaboration d'un projet de réorganisation de l'enseignement primaire. » (*Le Temps*, 19 avril 1908). De même le syndicat national des sous-agents des postes et la fédération nationale des instituteurs, qui ont adhéré à la Confédération générale du travail, suivent une tactique qui ne peut que leur être préjudiciable.

1. Durkheim, *La division du travail social*, 1894 ; 2ᵉ édit. 1905 (F. Alcan). — Rapp. mon volume *L'État, le droit objectif*, 1901, chap. I.

qui unit les hommes appartenant à un même groupement social résulte surtout de la part différente que chacun apporte au travail destiné à réaliser la satisfaction des besoins de tous et de chacun. Cela posé, on conçoit aisément qu'un lien particulièrement étroit existe entre les hommes qui accomplissent le même ordre de besogne dans ce vaste atelier qu'est toute société. Ce lien plus étroit résulte avant tout de la similitude des intérêts et des aptitudes, de la nature du travail accompli, manuel ou intellectuel, mais aussi de la similitude des habitudes, des manières de vivre, des aspirations, des joies et des souffrances communes.

Si les classes sont réellement ce que je dis, on comprend aisément pourquoi par exemple les ouvriers manuels de l'industrie privée et les fonctionnaires n'appartiennent pas à la même classe, quoique les uns et les autres soient des salariés ; ils n'accomplissent point le même ordre de besogne ; les fonctionnaires exécutent un travail qui a un caractère tout particulier par cela même qu'il est érigé en service public. On comprend comment même les ouvriers et les employés de l'industrie ou du commerce privé, quoique salariés les uns

et les autres, n'appartiennent pas cependant à
la même classe ; eux non plus n'exécutent pas
des travaux de même nature. On comprend
aussi comment les ouvriers d'une entreprise
et les directeurs de cette entreprise appartiennent à des classes différentes, quoique
souvent les directeurs ne soient eux-mêmes
que des salariés, comment les paysans petits
propriétaires, les petits industriels, les petits
commerçants, les ouvriers agricoles, les ouvriers des villes appartiennent à autant de
classes distinctes. Enfin il y a et il y aura probablement longtemps encore une classe capitaliste, une classe exclusivement capitaliste ;
et, je le dis sans hésiter, ce n'est point un mal.
D'abord elle est beaucoup moins nombreuse
qu'on ne le dit. En France notamment, le
nombre des capitalistes purs, je veux dire de
ceux qui vivent exclusivement de l'intérêt de
leur capital, est en réalité très restreint. De
plus on a montré souvent qu'avec la division
infinie du capital dans les fonds d'État [1] et dans
beaucoup de sociétés par actions la fameuse
concentration des capitaux, dont les collectivistes nous remplissent les oreilles, n'a point

1. V. notamment les discours de MM. Jules Roche et
Aymond à la Chambre des députés les 21 et 22 mai 1908.

en France les proportions qu'ils s'attachent à lui donner. J'ajoute que la classe capitaliste pure a elle aussi son rôle social à remplir : elle comprend tous ceux dont la mission est de réunir des capitaux et de les mettre à la disposition des entreprises. Le propriétaire capitaliste est investi d'une fonction sociale déterminée. Son droit subjectif de propriété, je le nie ; son devoir social, je l'affirme. Tant que la classe capitaliste remplira la mission qui lui est assignée, elle vivra. Du jour où elle la négligerait, elle disparaîtrait, comme ont disparu en 1789 la noblesse et le clergé.

III

LE VRAI CARACTÈRE DU MOUVEMENT
SYNDICALISTE

Si telle est bien la notion moderne de classes sociales, il est facile de comprendre le
vrai caractère du mouvement syndicaliste et
comment il concourt à une transformation profonde du régime politique. Le mouvement
syndicaliste n'est point en réalité la guerre
entreprise par le prolétariat pour écraser la
bourgeoisie, pour conquérir les instruments
et la direction de la production. Ce n'est pas,
comme le prétendent les théoriciens du syndicalisme révolutionnaire, la classe ouvrière
prenant conscience d'elle-même pour concen-
trer en elle le pouvoir et la fortune et anéan-
tir la classe bourgeoise. C'est un mouvement
beaucoup plus large, beaucoup plus fécond, je
dirai beaucoup plus humain. Il n'est pas un
moyen de guerre et de division sociales; je
crois qu'il est au contraire un moyen puissant

de pacification et d'union. Il n'est pas une
transformation de la seule classe ouvrière ; il
s'étend à toutes les classes sociales et tend à
les coordonner en un faisceau harmonique.

Il faut voir en effet dans le syndicalisme un
mouvement qui tend à donner une structure
juridique définie aux différentes classes sociales, c'est-à-dire aux groupes d'individus qui
sont déjà unis par l'égalité de besogne dans
la division du travail social. On a pu constater historiquement que les luttes de classes
ont été d'autant moins vives dans les sociétés
que les classes étaient plus hétérogènes et
plus juridiquement délimitées. Alors s'établit
une coordination des diverses classes entre
elles, qui réduit au minimum les luttes sociales et protège en même temps fortement
l'individu encadré dans son groupe contre les
revendications des autres classes et contre
l'arbitraire d'un pouvoir central.

Sans parler des castes de l'Inde et de l'ancienne Égypte, on peut trouver la preuve de
cette assertion dans l'histoire de la période
féodale. Avec plusieurs historiens modernes,
je crois qu'après beaucoup de luttes, de violences, la féodalité nous a offert un moment,
au xiiie siècle, l'exemple d'une société, d'ail-

leurs très cosmopolite, dont les classes hié-
rarchisées et coordonnées étaient unies entre
elles par un système de conventions, qui leur
reconnaissaient une série de droits et de devoirs réciproques, sous le contrôle du roi, su-
zerain supérieur chargé, suivant la belle
expression de l'époque, de faire régner « l'ordre et la paix par la justice », c'est-à-dire
d'assurer l'accomplissement par chaque groupe
des devoirs que lui imposait sa place dans
l'arrangement social. Avec la monarchie absolue la hiérarchie sociale des classes disparaît.
La royauté centralisée attire à elle tous les
pouvoirs et toutes les fonctions. Les ordres
subsistent ; mais ils ne sont qu'une survi-
vance. Ne rendant plus de services, ils sont
condamnés à mort. Ils disparaissent en effet
au premier souffle révolutionnaire. Alors, je
l'ai dit, l'État, formidablement puissant parce
qu'il s'appuie sur le dogme de la souveraineté
nationale, qui compte à ce moment beaucoup
de croyants, règne sans contrepoids sur une
foule d'individus isolés et impuissants, sur
une poussière d'hommes.

Le syndicalisme, c'est l'organisation de cette
masse amorphe d'individus ; c'est la constitution dans la société de groupes forts et cohé-

rents, à structure juridique précisée, et com-
posés d'hommes déjà unis par la communauté
de besogne sociale et d'intérêt professionnel.
Qu'on ne dise pas que c'est l'absorption,
l'anéantissement de l'individu par le groupe
syndical. Non point. L'homme est un animal
social, il y a longtemps qu'on l'a dit ; l'individu dès lors est d'autant plus homme qu'il
est plus socialisé, je veux dire qu'il fait partie
de plus de groupes sociaux. Je serais tenté de
dire qu'alors seulement il est un surhomme.
Le surhomme n'est point, comme le voulait
Nietzsche, celui qui peut imposer sa toute
puissance individuelle ; c'est celui qui est fortement encadré dans des groupes sociaux,
parce qu'alors sa vie comme homme social devient plus intense. Et comme la famille se dé-
sagrège de plus en plus, comme la commune
a cessé d'être un groupe social cohérent,
l'homme du xxᵉ siècle ne pourra trouver cette
vie sociale intensifiée que dans les syndicats
professionnels.

Ce grand mouvement d'intégration qu'est le
syndicalisme s'étend à toutes les classes. Il
n'est qu'à son aurore. Il remplira tout notre
siècle ; il en sera certainement la marque caractéristique. Son action pacificatrice est cer-

taine, et aussi la protection efficace qu'il assurera aux individus contre l'arbitraire des
gouvernants.

Tout cela a été bien compris par un noble
esprit qui, pendant sa trop courte carrière, a
été un des plus puissants instigateurs du
mouvement syndicaliste. Fernand Pelloutier
écrivait dans son *Histoire des bourses du tra-*
vail, publiée en 1902, un an après sa mort :
« Il est vrai que les hommes qui croient à
l'État providence doivent éprouver quelque
antipathie pour ces libres associations d'hommes (les syndicats). Mais comment ceux qui
aiment la liberté, qui repoussent le système
centralisateur..., comment ceux-là ne com-
prennent-ils pas que les groupes corporatifs
sont les cellules de la société fédéraliste prochaine ? (Le système tend à) former, d'après
la loi de séparation des organes, des groupes
médiocres (Pelloutier veut dire des groupes
d'importance numérique médiocre) respecti-
vement souverains, et unis, dans la mesure et
pendant la durée jugées par eux utiles, par
des pactes fédératifs librement établis[1]. »

Au reste l'influence de Proudhon[2] et de

1. Pelloutier, *Hist. des bourses du travail*, 1902, p. 169.
2. Assurément dans l'œuvre si touffue et si diverse de

Bakounine [1] est là certaine ; elle se fait fortement sentir et sur les doctrines et sur le

Proudhon, on trouve facilement des idées d'ordre différent et quelquefois contradictoires. Cependant l'idée directrice paraît bien avoir été celle de l'organisation de la société en un arrangement de classes sociales organisées et réglant leurs rapports par des conventions collectives. Voici le passage qui me paraît le plus caractéristique : « Ce que nous mettons à la place du gouvernement, nous l'avons fait voir, c'est l'organisation industrielle. Ce que nous mettons à la place des lois, ce sont les contrats. Point de loi votée ni à la majorité, ni à l'unanimité ; chaque citoyen, chaque commune ou fédération fait la sienne. Ce que nous mettons à la place des pouvoirs politiques, ce sont les forces économiques ; ce que nous mettons à la place des anciennes classes de citoyens, noblesse et roture, bourgeoisie et prolétariat, ce sont les catégories et spécialités de fonctions, agriculture, industrie, commerce, etc. Ce que nous mettons à la place de la force publique, c'est la force collective. Ce que nous mettons à la place des armées permanentes, ce sont les compagnies industrielles. Ce que nous mettons à la place de la police, c'est l'identité des intérêts. Ce que nous mettons à la place de la centralisation politique, c'est la centralisation économique. L'apercevez-vous maintenant cet ordre sans fonctionnaires, cette unité profonde et tout intellectuelle ? Ah ! vous n'avez jamais su ce que c'est que l'unité, vous qui ne pouvez la concevoir qu'avec un attelage de législateurs, de préfets, de procureurs généraux, de douaniers, de gendarmes ! » (Proudhon, *Idée générale de la révolution au XIXe siècle*, *OEuvres complètes*, X, 1860, p. 259 et 260).

1. L'influence de Bakounine en France a certainement été assez restreinte. Son nom doit cependant être rapproché de celui de Proudhon. On lira avec intérêt le morceau publié dans le tome I de ses *OEuvres*, édit. française, sous le titre : *Fédéralisme, socialisme et antithéologisme*. Toutefois le fédéralisme qu'il y enseigne paraît être plutôt un fédéralisme de provinces et de communes qu'un fédéralisme de classes. Cf. notamment p. 16.

mouvement dont nous parlons. Mais le temps
ne me permet pas d'y insister [1].

1. M. Esmein dans la 5ᵉ édit. 1909 de son *Droit constitutionnel,* p. 40, après avoir exposé et critiqué ce qu'il me
fait le grand honneur d'appeler les « doctrines de M. Duguit », écrit : « Jusque là elles pouvaient paraître inoffen-
sives, car tout en niant la souveraineté et l'État, elles lais-
saient sous une autre forme, à l'autorité politique, aux
gouvernants les prérogatives essentielles et nécessaires.
M. Duguit vient de faire une adhésion éclatante à d'autres
doctrines, qui elles non plus ne sont pas nouvelles, mais
qui sont fort menaçantes pour la société politique et qui
tendent à détruire l'État en fait aussi bien qu'en droit... »
Suivent de longues citations de Proudhon pour prouver
qu'il est le père des doctrines syndicalistes. — Cela
appelle quelques observations. Je n'ai jamais contesté et
je le dis au texte que Proudhon fût le père de ce qu'on est
convenu d'appeler les doctrines syndicalistes. Mais, con-
trairement à ce que semble penser M. Esmein, ce n'est
pas une preuve de leur fausseté. D'autre part, je tiens à
répéter ce que j'ai dit dans l'avertissement de cette édition :
pour moi le syndicalisme n'est ni un parti ni une doctrine, il
est un fait, un fait d'une portée considérable, qui est à la fois
la cause et la conséquence de la disparition de l'État régalien
et jacobin. M. Esmein croit que l'équilibre social ne peut
exister que par la souveraineté de la nation personnifiée,
que toute autre structure sociale est anarchie et barbarie.
Cette manière de voir n'a rien de scientifique. Toute la question est de savoir si la souveraineté nationale est une réalité
ou une pure conception de l'esprit, si la croyance à la souveraineté nationale est encore une force sociale ou si elle est
morte comme la croyance au droit divin, si des classes
sociales sont en train de se former, de se donner une structure juridique définie et de se coordonner. Si les faits sont
cela, et nous croyons que l'observation démontre qu'ils
le sont, tous les pleurs que l'on versera sur la disparition de
la croyance à la souveraineté nationale et de la forme d'État
fondée sur elle n'y changeront rien, et l'on n'arrivera à un
résultat utile qu'en agissant dans le sens de l'évolution qui
se produit et qui est plus forte que les hommes.

IV

COMMENT LE MOUVEMENT SYNDICALISTE SE COORDONNE AVEC LA TRANSFORMATION DU RÉGIME POLITIQUE.

Comment ce mouvement syndicaliste se coordonne-t-il avec la transformation de l'État marquée dans les conférences précédentes ? Il n'est pas difficile de le montrer au point de vue politique pur et au point de vue des services publics.

M. Fournière, bien connu dans cette maison, a écrit : « Par la vertu de l'association, nous éviterons deux écueils redoutables : d'une part la violence d'un soubresaut révolutionnaire, d'autre part l'omnipotence de l'État, c'est-à-dire la tyrannie aggravée de la démagogie [1]. » L'éminent écrivain a bien compris l'erreur de nos pères, qui avaient cru

1. Fournière, *L'individu, l'association et l'État*, 1906, p. 21. (Paris, F. Alcan). Rapp. Id., *La Sociocratie, Revue Socialiste*, mars 1908, p. 253 et suiv. ; *Adaptation de l'État à sa fonction économique, Ibid.*, janvier 1908, p. 1 et suiv.

conquérir la liberté en proclamant le principe de la souveraineté du peuple, sans voir que par là ils exposaient l'individu à une tyrannie encore plus redoutable que celle du roi. La formation de syndicats puissants, encadrant tous les individus de toutes les classes sociales et reliés entre eux par des conventions collectives établissant des relations d'ordre juridique, constituera une garantie puissante, la seule efficace, contre l'omnipotence des gouvernants, je veux dire l'omnipotence de la classe, du parti ou de la majorité qui en fait détient le monopole de la force. Il y aura dans cette formation syndicale une forte et résistante structure, qui formera une barrière à l'application de toute mesure oppressive. Ce sera comme l'organisation permanente d'une résistance défensive à l'oppression. La forme organique toute naturelle de cette force de résistance, ce sera une représentation professionnelle largement et fortement organisée.

Naturellement les tenants de la souveraineté nationale et de la loi du nombre repoussent énergiquement cette réforme. M. Esmein par exemple déclare que : « Le principe de la souveraineté nationale exclut logiquement ce

qu'on appelle la représentation des intérêts. »
Il en donne cette raison, qui sent bien la
scolastique, que « les divers collèges électo-
raux ne doivent être que des fractions du corps
électoral entier,... que les fractions ne restent
telles qu'en tant qu'elles possèdent toutes les
qualités de l'entier [1]. » Mais les faits seront
plus forts que les hommes. Peut-être le mouvement syndicaliste n'est-il pas encore assez
avancé pour que l'on puisse tenter l'entreprise
d'une législation positive sur ce point, bien
que des hommes très distingués, M. Charles
Benoist, M. l'abbé Lemire, l'aient demandé [2].
Mais certainement dans un avenir, que verront
les jeunes d'aujourd'hui, s'organisera, à côté
d'une représentation proportionnelle des partis, une représentation professionnelle des
intérêts, c'est-à-dire une représentation des
diverses classes sociales organisées en syndicats et en fédérations de syndicats. Comme l'a

---

1. *Droit constitutionnel*, 4ᵉ édit., 1906, p. 228 et 231, et
5ᵉ édit., 1909, p. 256.

2. Charles Benoist. *Rapport à la Chambre*, 1905, sess.
ord. *J. off.*, Débats parlem., p. 472. Rap. Id. *La politique;*
— *Sophismes politiques de ce temps;* — *La crise de l'État
moderne;* — *Pour la réforme électorale*, 1908. L'abbé
Lemire, *Discours* à la Chambre, 16 mars 1894, *J. off.*,
Débats parlem., p. 562. —Cf. mon *Manuel*, p. 368 et suiv.;
— S. Panunzio, *Mouvement socialiste*, mai-juin 1910, p. 321.

dit M. Charles Benoist, « il faut organiser la
représentation de manière qu'elle renferme le
plus possible de l'homme et de la vie, qu'elle
soit proportionnelle, non seulement aux opinions, qui ne sont de nous qu'une minime
partie, mais à tout ce qui est en nous humanité, vie, force sociale [1]. »

Une chambre composée des élus des groupes syndicaux peut seule constituer un contre-
poids à la puissance d'une chambre représentant les individus, serait-elle élue au système
de la représentation proportionnelle. La séparation des pouvoirs entre un homme investi de
l'exécutif et un parlement investi du législatif
est moins que jamais une limitation de la
puissance politique. Il y a des gens qui croient
encore qu'un Président de la République
mieux armé, ayant une autre origine que celle
que lui donne la constitution de 1875, pourrait
former un contre-poids utile à la toute puissance de la Chambre des députés. Aujourd'hui
en France, un chef d'État, quelque origine
qu'on lui donne, quelque pouvoir qu'on lui
confère, n'est autre chose qu'un personnage
décoratif, qui reçoit les souverains et les

1. *Rapport*, cité à la note précédente, *J. off.*, p. 477.

ambassadeurs, préside les cérémonies, donne
des bals et des dîners, va aux courses, mais
dont l'action politique est réduite à rien. On
redoute la dictature d'un chef d'État élu au
suffrage direct et universel. Crainte chimé-
rique. Cette dictature ne serait possible que
si elle pouvait s'appuyer sur la prépondérance
d'un élément militaire à l'esprit prétorien. Or
je crois bien que depuis l'insuccès du Boulan-
gisme, depuis l'affaire Dreyfus, depuis le service de deux ans, cette prépondérance et cet
esprit ont heureusement disparu sans retour.

D'ailleurs pour parler franc, la toute-
puissance politique appartient aujourd'hui en
réalité bien moins aux Chambres qu'au Conseil des ministres, qui en droit est l'intermé-
diaire politiquement responsable entre le
Président de la République et le Parlement,
qui en fait est une sorte de comité de salut
public qui, à l'aide de moyens extra-parle-
mentaires, peut, s'il le veut bien, conserver le
pouvoir à son gré [1]. Sa responsabilité politique

---

1. On raconte qu'au déjeuner de Marienbad (août 1907).
Edouard VII ayant demandé à M. Clemenceau, président
du Conseil, combien de temps il pensait rester encore aux
affaires, celui-ci lui aurait répondu : « Sire, tant que je
voudrai. » Je ne sais si l'anecdote est vraie ; en tout cas
la réponse attribuée au président du Conseil est le résumé
tout à fait exact de la situation politique actuelle. — Je

est devenue un vain mot. Cette déformation du régime parlementaire subsistera tant qu'une représentation professionnelle ne sera pas organisée à côté de la représentation proportionnelle. Je ne sais pas si le régime, qu'alors on aura, pourra s'appeler parlementaire ; mais je suis convaincu qu'il sera une garantie puissante contre l'arbitraire du gouvernement qui ne pourra sortir de son rôle de contrôle, de surveillance, de protection, de mise en mouvement de la force publique, rôle auquel devra se réduire son action.

laisse cette note telle que je l'ai écrite en 1908. La chute du ministère Clemenceau le 20 juillet 1909 à la suite d'un vote de la Chambre dans la discussion de l'enquête sur la marine, après un discours de M. Delcassé, n'en fait pas disparaître l'exactitude. Les vraies causes de cette chute sont encore mystérieuses, et il semble bien que sans les paroles imprudentes prononcées volontairement par M. Clemenceau, il n'aurait pas été renversé.

V

LE SYNDICALISME FONCTIONNARISTE

Le mouvement syndicaliste vient aussi par une autre voie s'harmoniser avec la forme nouvelle de l'État. Il prépare en effet la décentralisation par services publics, par la formation de syndicats de fonctionnaires, qui nécessairement seront doués d'une très large autonomie. Nous touchons ici à une question d'un intérêt capital et bien actuel.

Et tout d'abord la question des syndicats de fonctionnaires se pose en droit positif. D'après la législation actuellement en vigueur en France les fonctionnaires peuvent-ils légalement se syndiquer ? Je réponds sans hésiter : non ; les fonctionnaires d'aucune espèce ne peuvent se syndiquer. La loi de 1884 sur les syndicats professionnels ne s'applique point à eux, mais seulement aux professions privées [1]. Ce n'est pas douteux et je passe.

1. Cf. Cass., 28 février 1902, S., 1903, I, p. 445. Il y est

Mais que doit faire aujourd'hui le législateur
en présence du syndicalisme *fonctionnariste ?*

dit que la loi du 21 mars 1884 a refusé « le droit de former des syndicats à tous ceux qui n'ont à défendre aucun
intérêt industriel, commercial ou agricole... » Jugement
du tribunal de la Seine du 29 juillet 1909, prononçant la
dissolution du syndicat formé par un certain nombre
d'agents des postes après les grèves de mars et de mai 1909
(*Revue du droit public*, 1909, p. 510). Mais le conseil
d'Etat reconnaît la validité des associations professionnelles de fonctionnaires constituées conformément à la loi
du 1er juillet 1907 sur la liberté d'association, dont les
art. 2 et 3 déclarent que toute association peut se former
librement à la condition qu'elle ait un but licite et non
contraire aux bonnes mœurs. Le conseil d'État reconnaît
la recevabilité du recours formé par ces associations pour
faire annuler les décisions concernant leurs membres,
qui auraient été prises par le gouvernement en violation
de la loi ou des règlements. Conseil d'État, 11 décembre 1908 (*Association des employés du ministère des colo-
nies*) (*Recueil*, p. 1015; Sirey, 1909, III, p. 17; *Revue du
droit public*, 1909, p. 62, avec les conclusions de M. le
commissaire du gouvernement Tardieu); conseil d'Etat
10 décembre 1909 (*Association des fonctionnaires civils du
ministère de la marine*) (*Revue du droit public*, 1910,
p. 46). Le gouvernement a lui aussi reconnu à plusieurs
reprises la légalité de ces associations. Cf. notamment les
déclarations de M. le garde des sceaux Barthou à la
Chambre, 2e séance du 17 décembre 1909. En même temps
M. le garde des sceaux a reconnu la possibilité pour les
associations professionnelles de fonctionnaires de se fédérer:
« Il est certain, il est incontestable que les associations
constituées en vertu de la loi de 1901 peuvent constituer
entre elles des unions et que ces unions peuvent à leur
tour constituer une fédération. Il n'y a point à faire la
prétendue distinction entre les fonctionnaires dits d'autorité
et ceux dits de gestion. Cette distinction, qui a été proposée par M. Berthélemy (*Droit administratif*, 1901,
5e édit., 1908, p. 49, et 6e édit., 1910, p. 45) et par
M. Bourguin (*De l'application des lois ouvrières aux*

Y a-t-il là un mouvement superficiel sans doute, mais susceptible d'entraîner la désorganisation des services publics, mouvement que le législateur peut arrêter ou diriger à son gré, qu'il doit arrêter ou diriger pour éviter la désorganisation même de l'État ? Ou au contraire, est-ce un mouvement profond et intense, contre lequel les dispositions législatives, les actes du Gouvernement resteront impuissants, un mouvement qui prépare un arrangement nouveau et meilleur de la vie politique et administrative du pays ?

Je dois le dire, il y a quelques années, au moment où ce mouvement a commencé, j'ai cru qu'il était très superficiel, provoqué par quelques fonctionnaires, mauvaises têtes, voulant faire parler d'eux et essayer de profiter du tapage ; j'ai cru qu'il était facile au Gouvernement d'empêcher la formation de ces syndi-

---

employés de l'État, 1902) et qui à un moment donné a eu un certain crédit, est aujourd'hui tout à fait abandonnée. V. pour la critique de cette distinction, Larnaude, *Revue pénitentiaire*, juin 1906 et tirage à part; mon *Manuel*, p. 420 et suiv. Rapp. la définition du fonctionnaire donnée dans le projet du gouvernement cité *infra* et qui exclut cette distinction et aussi le *rapport* de M. Jeanneney, sur le projet de loi relatif aux syndicats de fonctionnaires, *J. off.*, *Doc. parlem.*, Chambre, sess. extr. 1907, p. 608 et le rapport de M. Chaigne, *J. off.*, *Doc. parl.*, Chambre, sess. ord., 1909, p. 474.

cats. J'estimais que c'était son devoir, parce que tolérer les syndicats de fonctionnaires c'était implicitement permettre la grève, puisque les syndicats professionnels ont entre autres pour but parfaitement légitime de préparer et de soutenir des grèves. Je disais : les fonctionnaires étant par définition même associés directement au fonctionnement des services publics, il n'est pas possible d'autoriser des syndicats de fonctionnaires, qui pourraient légitimement organiser des grèves, puisque par définition même les gouvernants sont obligés juridiquement d'assurer le fonctionnement sans interruption des services publics [1].

J'estime toujours que les fonctionnaires ne peuvent point faire grève et que les gouvernants ne sortent point de leur rôle de contrôle et de surveillance quand ils emploient leur force de contrainte à empêcher les grèves de fonctionnaires quels qu'ils soient et quand ils révoquent les meneurs [2]. Je crois toujours que

1. *Revue politique et parlem.*, nº avril 1906, p. 28.
2. V. les énergiques déclarations de M. Clemenceau, président du Conseil et de M. Barthou, ministre des travaux publics, des postes, etc. à la Chambre des députés, séance du 13 mars 1908, et au moment de la grève des postes en mars et mai 1909, particulièrement séance de la

beaucoup des orateurs des bourses du travail, des syndicats d'instituteurs, sous-agents des postes, douaniers et autres ont surtout en vue leurs intérêts personnels. Mais en même temps je pense aujourd'hui que le syndicalisme *fonctionnariste* est un mouvement profond et intense, que le législateur ne peut ni l'entraver ni même le diriger, qu'il est corrélatif et complémentaire de la disparition de la puissance personnelle et souveraine de l'État, et qu'il est un des aspects du grand mouvement syndicaliste qui est en train de réorganiser la société.

Sans vouloir expliquer et discuter les notions de fonctionnaire et de service public, je rappelle d'un mot que les fonctionnaires sont tous les individus associés directement et d'une manière permanente et normale au fonctionnement d'un service public[1], et qu'un

chambre, 11 mai 1909. Cf. sur la grève des postes Rolland, *Revue du droit public*, 1909, p. 287.

1. Je dois rapprocher de cette définition, celle donnée dans le projet de loi sur les associations de fonctionnaires.... déposé le 11 mars 1907 : « Sont considérés comme fonctionnaires..., tous ceux qui en qualité de délégués de l'autorité publique, d'employés, d'agents ou de sous-agents, font partie des cadres permanents organisés pour assurer le fonctionnement d'un service public régi par l'État. » V. le texte du projet, *Revue du droit public*, 1907, p. 252 et l'article très intéressant

service public est une certaine activité, l'accomplissement d'une certaine besogne qui à un moment donné est considérée comme étant d'une importance telle pour le groupement social que c'est un devoir juridique pour les gouvernants d'en assurer l'accomplissement. Les fonctionnaires accomplissent donc dans la division du travail social des besognes qui ont un caractère commun, particulièrement saillant et déterminé par ce fait que leur travail est considéré comme nécessaire à la vie même du groupe. Si donc notre définition des classes sociales est exacte, les fonctionnaires forment par eux-mêmes certainement une classe sociale distincte. Il semble bien que de nombreux

de M. Rolland. La commission de la Chambre a adopté ce texte, en l'étendant, et avec raison, aux agents des départements et des communes (*Rapport* de M. Jeanneney, *loc. cit.*) Cf. le projet adopté définitivement par la Commission de la précédente législature, *Revue du droit public*, 1909, p. 593. — Cf. la discussion et les déclarations du gouvernement à la Chambre des députés, aux séances des 7, 8, 10, 11, 13 et 14 mai 1907, spécialement le discours de M. Deschanel (8 mai), suivies du vote d'un ordre du jour de confiance, sur les interpellations de divers députés, notamment MM. Gauthier (de Clagny), Buisson, Jaurès. Cf. le nouveau projet déposé par le ministère Clemenceau, le 25 mai 1909 (*Revue du droit public*, 1909, p. 243), et le projet identique à celui-ci, déposé par le ministère Briand, le 30 juin 1910. V. aussi le discours de M. Briand, président du conseil à Saint-Chamond, 10 avril 1910 (*Le Petit Temps*, 11 avril 1910).

faits d'observation, qu'il serait trop long de rapporter, viennent confirmer cette proposition.

Dès lors la classe sociale des fonctionnaires est entraînée dans le grand mouvement syndicaliste. Comme toutes les classes de la société, elle tend à acquérir une structure juridique définie. Le syndicalisme *fonctionnariste* n'est rien de spécial ; il n'est qu'un des éléments du mouvement général syndicaliste qui s'étend à toutes les parties de la société. Mais pris en soi il est cependant un phénomène assez complexe. La grande classe des fonctionnaires en effet est une classe étendue qui comprend beaucoup de sous-classes, autant qu'il y a de services publics différents. Si tous les fonctionnaires sont unis par la similitude de besogne, les fonctionnaires d'un même service sont évidemment plus étroitement unis les uns aux autres. Aussi quoique mouvement un, le syndicalisme *fonctionnariste* est un mouvement complexe, qui revêt des formes différentes suivant les divers services publics et provoque la formation d'autant de syndicats qu'il y a de services publics différents, pouvant former d'ailleurs les éléments d'une vaste fédération.

Mais que les fonctionnaires prennent garde et se méfient des meneurs et des démagogues, qui veulent les entraîner dans l'action révolutionnaire de la Confédération générale du travail. Qu'ils restent étrangers au syndicalisme révolutionnaire ; qu'ils soient convaincus que rien ne pourrait être plus nuisible à leurs propres intérêts que de participer à une action révolutionnaire [1]. Qu'ils n'oublient

1. M. Clemenceau a rendu aux instituteurs un signalé service — que d'ailleurs ils n'ont pas su comprendre — en leur disant dans sa très remarquable lettre du 7 avril 1907 : « Votre place n'est pas à la Confédération générale du travail. Elle y est d'autant moins qu'il s'y tient un langage auquel un éducateur ne peut pas apporter son adhésion. L'apologie du « sabotage » et de « l'action directe », la provocation à la haine entre citoyens, l'appel à la désertion ou à la trahison, sont d'une doctrine que vous vous devez à vous-mêmes, à votre mission, à l'école laïque, à l'idéal républicain comme à votre pays, de combattre avec une suprême énergie. Le paragraphe 3 de l'article 16 des statuts de la Confédération générale du travail désigne comme un des buts de l'Association « la « propagande utile pour faire pénétrer dans l'esprit des « travailleurs organisés la nécessité de la grève générale ». Si vous pensez sincèrement que vos efforts doivent tendre à ce résultat, vous devez reconnaître qu'il y a incompatibilité absolue entre cette conception et les devoirs de votre fonction » (Le Temps, 8 avril 1907). — Rapp. la résolution votée au congrès d'instituteurs de Lyon, le 15 avril 1908 et rapportée au début de cette conférence. — Le congrès national des sous-agents des postes est allé lui aussi à l'encontre même des intérêts qu'il prétend représenter en votant, après une longue discussion il est vrai, le 19 avril 1908, l'ordre du jour suivant : « Le congrès du syndicat national des sous-agents des postes, télégra-

pas que, quoi qu'on dise, la violence et la
haine ne fondent rien de durable. Qu'ils

phes et téléphones, considérant que la Confédération
générale du travail est l'expression vivante et agissante de
la solidarité prolétarienne; qu'elle est actuellement le
trait d'union indispensable entre toutes les organisations
syndicales; qu'aucune organisation consciente de ses
devoirs de solidarité ne doit rester en dehors de la Confédération générale du travail; considérant, d'autre part,
que les sous-agents des P. T. T. salariés de l'État ont,
comme tous les autres salariés, des revendications à pré-
senter à leur employeur, l'État patron; qu'ils ne sauraient
confirmer la thèse gouvernementale qui dresse une barrière entre le prolétariat administratif et le salariat de
l'industrie privée; qu'en adhérant à la Confédération générale du travail, ils accomplissent leur devoir de solidarité
ouvrière; que les syndicats ouvriers ont, en toute occasion, appuyé et encouragé les revendications des salariés
de l'État; déclarent adhérer à la Confédération générale
du travail » (*Le Temps*, nᵒˢ 20 et 21 avril 1908). Quant aux
grèves des agents des postes en mars et en mai 1909, elles
ont constitué un mouvement nettement révolutionnaire; le
gouvernement les a énergiquement réprimées et il a eu
raison. Je ne crois pas qu'elles aient avancé, bien au contraire, les affaires du syndicalisme postal. En provoquant
le grand meeting de l'hippodrome du 4 avril 1909 qui a
réuni postiers et ouvriers, les agents des postes ont plutôt
compromis leur cause. Les fonctionnaires (il faut qu'ils
le comprennent), ne sont pas des employés qui luttent
contre leur employeur; ils ont assumé la charge d'un service public; ils s'unissent pour défendre leur situation,
c'est parfaitement légitime, mais cette situation leur
est assurée dans l'intérêt du service avant tout, et ils ne
peuvent pas sous prétexte de défendre leurs prétendus
droits entraver le bon fonctionnement du service. Néanmoins
la grève des postes a été un fait singulièrement signifi-
catif, il a été une manifestation éclatante de la puissance
syndicale, et la preuve que le premier devoir du parlement est de donner aux fonctionnaires une situation indé-

n'oublient pas non plus qu'ils ne peuvent pas invoquer, eux fonctionnaires, le mythe de la grève générale, parce qu'ils sont par définition associés à un service public, c'est-à-dire à une activité dont l'accomplissement constitue une devoir juridique pour ceux qui en sont en fait investis. Recourir à la grève serait pour les fonctionnaires le moyen le plus sûr de restaurer l'arbitraire sans limite d'un gouvernement omnipotent.

Maintenu au contraire dans les limites que je viens de tracer en quelques mots, le syndicalisme *fonctionnariste* permettra certainement, dans un avenir prochain, ce que j'appelle une décentralisation par services publics, laquelle, je le crois, correspond à un besoin certain. Je m'explique.

pendante et sûre. A cette seule condition on peut exiger du fonctionnaire un dévouement sans réserve à son service et réprimer énergiquement et efficacement toute tentative pour entraver le fonctionnement du service.

VI

LA DÉCENTRALISATION PAR SERVICES
PUBLICS

Tant que l'on ne demandait à l'Etat que de
rendre la justice, d'assurer la sécurité à l'intérieur et la protection à l'extérieur, le besoin
de la décentralisation ne s'est point imposé,
et les gouvernants détenteurs de la plus
grande force, pouvaient remplir seuls ou par
leurs agents directs cette mission de justice,
de protection, de sécurité. Mais quand
l'homme moderne, ayant pris une conscience
nette de l'interdépendance sociale liant tous
les membres du groupe, gouvernés et gouvernants, a reconnu à ceux-ci le devoir d'assurer
l'exécution de besognes diverses dans tous
les ordres de l'activité humaine, forcément a
dû se produire une tendance décentralisatrice.
Les gouvernants, qui ne sont que les détenteurs de la plus grande force, ne peuvent pas

eux-mêmes, ou par leurs agents directs, accomplir ces divers travaux. Ils seront alors nécessairement exécutés par des groupes d'individus, ayant une certaine indépendance à l'égard des gouvernants et imprimant l'impulsion au service, le dirigeant même, mais sous le contrôle et la surveillance des gouvernants et de leurs agents. Cela est précisément la décentralisation.

On a tenté de la réaliser en utilisant un groupe social, naturel, très ancien, mais bien vieilli, la commune, ou un groupe de création nouvelle et tout artificiel, le département. Les lois du 10 août 1871 et du 5 avril 1884 ont prétendu réaliser une véritable décentralisation régionale et communale. Elle est plus apparente que réelle. Serait-elle réelle, elle est insuffisante parce qu'elle laisse en dehors d'elle le plus grand nombre des services publics. Ce n'est certainement pas dans le sens de la décentralisation communale ou départementale que s'oriente notre organisation administrative. La décentralisation s'est produite aussi dans une certaine mesure par l'érection de quelques services publics en établissements publics, ayant en droit une certaine autonomie, mais toujours placés sous le contrôle étroit et

souvent tracassier des agents du Gouvernement[1].

La forme de décentralisation vers laquelle
nous allons est toute différente. Elle se réa-
lise peu à peu par l'organisation corporative
des fonctionnaires d'un même service. Elle
est la conséquence du mouvement syndicaliste
dont nous avons reconnu la profondeur et
l'intensité. Les fonctionnaires d'un même
service formeront un syndicat corporatif, qui
leur assurera une protection contre l'arbitraire
du Gouvernement, contre les révocations illé-
gales, contre le favoritisme, les dénonciations,
et qui en même temps sera associé à la direction même du service. Les syndicats de fonctionnaires constitués d'abord pour défendre
les intérêts professionnels, les intérêts de
classes, acquerront peu à peu un rôle d'impulsion et de direction dans le service public qui
leur est confié. Un droit de contrôle effectif, de
surveillance constante devra d'ailleurs être
réservé aux gouvernants et à leurs agents.

1. La tentative la plus intéressante faite dans ce sens en
France est évidemment la décentralisation de l'enseignement supérieur, en partie réalisée par la création des
universités. L. du 10 juillet 1896, relative à la constitution
des universités, les trois décrets du 21 juillet et les deux
décrets du 22 juillet 1897.

D'autre part cette autonomie fonctionnelle devra avoir pour contre-partie une responsabilité, fortement organisée, énergiquement sanctionnée, du fonctionnaire à l'égard du public. Le fonctionnaire étant plus protégé, plus indépendant, ayant plus d'initiative, devra être plus responsable.

Sans doute, nous ne sommes pas encore arrivés à une notion assez précise du rôle professionnel et social des classes, à une conscience assez forte de l'étroite interdépendance qui les unit; les fonctionnaires eux-mêmes ne sont pas encore suffisamment pénétrés de l'obligation rigoureuse qui s'impose à eux d'assurer dans toutes les circonstances le fonctionnement exact et sans interruption des services publics; ils n'ont pas encore le sentiment assez net de leur responsabilité à l'égard du public pour que dès aujourd'hui ce système de décentralisation puisse être appliqué à tous les services. Mais je crois que nous nous y acheminons assez rapidement. L'un des faits qui, ce me semble, marquent le mieux cette tendance, c'est l'organisation corporative de la discipline *fonctionnelle*, qui résulte d'une série de décrets que le Gouvernement a été amené à faire ces dernières années pour beaucoup de catégories de fonctionnaires, par exemple les employés des différents ministères, les fonctionnaires des ponts et chaussées, des administrations financières, etc...[1]. N'est-ce pas une preuve certaine de la tendance vers l'organisation corporative des fonctions publiques ?

Les caractères de ce mouvement syndicaliste ont été mis en relief par quelques publicistes distingués, M. Maxime Leroy[2] qui s'est

1. Cons. Bonnard, Chronique administrative, *Revue du droit public*, 1907, p. 481, publiée séparément sous le titre : *La crise du fonctionnarisme, ses causes et ses remèdes*, 1907. Analysant les dispositions générales qui se retrouvent dans ces divers décrets, M. Bonnard écrit : « Il est une disposition qui mérite particulièrement d'attirer l'attention, c'est celle relative à la présence de représentants élus par leurs collègues, soit dans les commissions d'avancement, soit dans les conseils de discipline. L'importance de cette disposition consiste en ce qu'elle paraît représenter un moment de l'évolution de la fonction publique vers son organisation corporative. » Cf. Ib., *De la répression disciplinaire*, thèse 1902, Bordeaux.

2. Voir notamment la brochure publiée sous le patronage de la *Ligue des droits de l'homme*, par M. Max. Leroy, sous le titre : *Le droit des fonctionnaires*, 1906 ; *Rapport* à la Ligue des droits de l'homme sur le *droit des fonctionnaires*, 1907 ; *La crise des services publics*, dans *Pages libres*, 22 février 1908 et aussi les deux livres importants de M. Max. Leroy, *Les Transformations de la puissance publique, les syndicats de fonctionnaires*, 1907 ; *La loi, essai sur la théorie de l'autorité dans la démocratie*, 1908 (paru pendant la première impression de ces conférences).

fait l'avocat attitré et courageux des fonctionnaires victimes d'abus de pouvoir, M. Berthod[1],
M. Paul-Boncourt[2]. Avec ce dernier je dirai
volontiers que nous marchons vers « une décentralisation complète, un fédéralisme inté-
gral à la fois corporatif et administratif ».
M. Rodrigues, à propos de l'enseignement
primaire, a été plus précis. «Les syndicats de
fonctionnaires, comme les syndicats ouvriers,
ne sont pas simplement des associations cor-
poratives de défense; mais ils sont appelés à
devenir avec le temps des organes directeurs...
A la direction étrangère venue d'en haut, tend
à substituer une administration autonome venue d'en bas[3]. »

Les tenants de la doctrine régalienne ont
bondi devant de pareilles affirmations. M. Fernand Faure, dans un vigoureux article de la
Revue politique et parlementaire (janvier 1906)
a fulminé l'anathème contre les syndicats de
fonctionnaires et contre tous ceux qui osaient

1. Berthod, *Revue politique et parlem.*, mars 1906,
p. 413.
2. Paul Boncourt, *Revue socialiste*, janvier 1906, p. 17
et suiv.
3. Rodrigues, *Le syndicalisme universitaire*, *Revue socialiste*, octobre 1905, p. 499, et sa lettre au *Temps*, n°
du 9 novembre 1905.

dire qu'ils étaient l'avenir. Le journal *Le Temps* a été navré[1]. Mon cher et savant collègue et l'anonyme du *Temps* se sont écriés que c'était l'anarchie, la destruction de la souveraineté intangible, une, indivisible de l'État. Ils n'ont point vu que le syndicalisme *fonctionnariste* n'était point une cause, mais un effet, que c'était parce que l'on ne croyait plus à la fiction de la souveraineté étatique que se produisait l'évolution vers la décentralisation par services publics.

Mais, dit M. Berthélemy[2], ce n'est point là de la décentralisation, c'est de l'anarchie. La décentralisation, ajoute-t-il, est faite dans l'intérêt des administrés, c'est-à-dire de ceux qui profitent des services publics ; tandis que la formation de syndicats de fonctionnaires autonomes et investis d'un rôle de direction a pour but la protection des intérêts des administrateurs eux-mêmes, de ceux qui gèrent le service public.

L'objection n'est point sans valeur. Cependant elle ne peut nous arrêter. Il faudrait

1. V. notamment nº du 29 janvier 1906. Rap. le discours précité de M. P. Deschanel à la Chambre, 8 mai 1907, l'article de M. Cahen, *Revue politique et parlem.*, juillet 1906, p. 80, et celui de M. Ferneuil, même revue, mai 1908.

2. *Revue de Pic*, Lyon, juin 1906.

prouver en effet que les administrés ne profiteront pas eux-mêmes d'une transformation qui remettra aux fonctionnaires ou à leurs représentants élus la direction du service public. Il faudrait prouver que le service public sera moins bien géré quand la direction de la gestion appartiendra à un conseil corporatif élu, sous le simple contrôle du gouvernement. On peut très raisonnablement soutenir que les services publics ne fonctionneront que mieux si au lieu d'être soumis à la direction parfois arbitraire, à l'impulsion quelquefois ignorante d'un agent direct du gouvernement, sans connaissances techniques, ils reçoivent la direction et l'impulsion d'un conseil technique élu par les fonctionnaires mêmes de ce service[1]. On peut soutenir aussi que le public sera mieux servi si l'organisation corporative du service public a pour conséquence une responsabilité personnelle plus fortement sanctionnée des fonctionnaires. Au reste le danger d'anarchie sera évité et la coordination des différents services assurée par le maintien du

1. Le décret Millerand du 10 janvier 1910, qui assure aux agents des postes une très large représentation dans les conseils de discipline, est peut-être l'amorce de l'organisation prochaine du service des postes suivant le système décentralisateur.

pouvoir de contrôle et de surveillance toujours
réservé au gouvernement[1].

1. Outre les auteurs cités précédemment, on lira utile-
ment les quelques pages que M. Hauriou consacre au
syndicalisme *fonctionnariste* dans *Principes de droit public*, 1910, p. 488 et suiv. Il écrit très justement : « Ainsi
ni droit de grève, ni affiliation à la C. G. T. D'ailleurs ces
prétentions ne sont pas inhérentes à la conception syndicaliste des fonctions publiques, laquelle n'est point révolutionnaire, mais purement corporative et décentralisatrice. » V. aussi Bouglé, *Le syndicat de fonctionnaires
et la transformation de la puissance publique*, *Revue de
métaphysique et de morale*, 1908, p. 121 ; Paul Louis, *Le
syndicalisme contre l'État*, 1910 (F. Alcan).

VII

CONCLUSIONS GÉNÉRALES

Je m'arrête et ne puis insister davantage
sur ce problème, quelle que soit son importance à l'heure actuelle. Aussi bien, j'en ai dit
assez, je crois, pour montrer en quel sens
s'élabore et quelle forme revêt peu à peu le
régime politique, qui tend à succéder au régime fondé sur l'idée fausse, dangereuse, de
souveraineté et de personnalité de l'État. Au
sommet, des gouvernants représentant la majorité effective des individus composant le
groupement social : à eux, point de droit de
puissance publique, mais le devoir d'employer
la plus grande force à la réalisation du droit au
sens le plus large, leur action se réduisant
pour l'accomplissement des activités techniques à un rôle de surveillance et de contrôle.
Dans la société, des groupements syndicalistes, fortement intégrés, fédérés par profes-
sion, et ayant une représentation politique

assurant une forte limitation au pouvoir des gouvernants. Les luttes de classes éteintes ou du moins apaisées par l'établissement conventionnel de règlements déterminant les relations des classes entre elles et inspirés par une conscience nette de leur interdépendance. Les services publics exécutés et dirigés par des corporations de fonctionnaires, responsables de leurs fautes à l'égard des particuliers et placés sous le contrôle et la surveillance des gouvernants.

Mais, direz-vous, c'est un rêve. Point du tout. Je ne fais là en effet que résumer les principaux éléments de l'évolution qui s'accomplit sous nos yeux, conséquence nécessaire de l'élimination du droit subjectif de puissance publique.

En même temps se produit une autre transformation conséquence de l'élimination d'un droit subjectif, dont on a fait la synthèse des droits individuels, le droit de propriété, transformation qui mériterait une étude longue et approfondie. Je ne crois point que l'appropriation individuelle, même celle des capitaux, doive disparaître de bien longtemps. Mais il n'est pas douteux que la conception de la propriété droit subjectif disparaît pour faire place à la conception de la propriété fonction sociale. Le détenteur d'une richesse n'a point de droit sur elle ; c'est une situation de fait, qui l'astreint à une certaine fonction sociale, et son appropriation est protégée dans la mesure et seulement dans la mesure où il remplit cette fonction sociale.

Auguste Comte, que j'ai déjà cité souvent, a encore bien aperçu cette transformation de la propriété. Il a dit en effet : « Dans tout état normal de l'humanité, chaque citoyen quelconque constitue réellement un fonctionnaire public, dont les attributions plus ou moins définies déterminent à la fois les obligations et les prétentions. Ce principe universel doit certainement s'étendre jusqu'à la propriété, où le positivisme voit surtout une indispensable fonction sociale, destinée à former et à administrer les capitaux par lesquels chaque génération prépare les travaux de la suivante. Sagement conçue, cette appréciation normale ennoblit sa possession, sans restreindre sa juste liberté et même en la faisant mieux respecter[1]. »

1. Auguste Comte, *Système de politique positive*, édit. 1892, I, p. 156. Cf. Hauriou, *Principes de droit public*, 1910, p. 39 ; Hayem, *Essai sur le droit de propriété et ses limites*, 1910.

Cette fonction sociale, qui consiste « à former et à administrer les capitaux par lesquels
chaque génération prépare les travaux de la
suivante », l'école collectiviste veut la remet-
tre à l'État et par là elle continue la tradition
romaine, régalienne, jacobine et napoléonienne [1]. Par tout ce qui précède on voit que
cette école va contre les faits, car son système
implique le maintien de l'État personnel et
souverain ; or cet État est mort ou sur le
point de mourir. Heureusement ; car si la doctrine collectiviste triomphait, ce serait pour
l'État une monstrueuse puissance, plus formidable encore que celle de l'État issu de la
Révolution ; ce serait l'écrasement de l'individu et le retour à la barbarie.

Ce n'est certainement pas dans cette direction, quoi qu'on en dise, que s'orientent nos
sociétés modernes, mais bien plutôt vers le
syndicalisme économique et *fonctionnariste*
dont j'ai essayé de tracer les linéaments.

Je rappelais au début de ces conférences
l'article de M. A. Mater, disant qu'il espérait

---

1. Cf. Dazet, *Lois collectivistes pour l'an 19..*, 1907 ;
Et. Buisson, *Le parti socialiste et les syndicats ouvriers*,
1907 ; G. Renard, *Le socialisme à l'œuvre*, 1907.

bien que dans le nouveau régime économique
« les juristes ne subsisteraient pas plus que
les pontifes et les guerriers ». Comme lui je
souhaite que dans la société de demain il n'y
ait plus ni pontifes ni guerriers. Mais il y
aura certainement des juristes ; ils y occupe-
ront même une place prééminente, chargés
de déterminer les fonctions et les devoirs de
chaque individu et de chaque classe, chargés
d'affirmer, comme le voulait Auguste Comte,
que nul n'a d'autre droit que celui de faire
toujours son devoir. Au surplus je souhaite
de toutes mes forces que, dans cette société
nouvelle et régénérée, il n'y ait point de démagogues.

TABLE DES MATIÈRES

ÉVREUX, IMPRIMERIE CH. HÉRISSEY, PAUL HÉRISSEY succ.

BIBLIOTHÈQUE DE PHILOSOPHIE CONTEMPORAINE
Volumes in-16; chaque vol. broché : 2 fr. 50.

R. Allier.
Philos. d'Ernest Renan. 3° édit.

G. Aslan.
Expér. et invent. en morale.

A. Bayet.
La morale scientifique. 2° éd.

A. Binet.
La psychol. du raisonn. 5° édit.

Philippe et Paul-Boncour
Anomalies ment. chez les écoliers.

G. Bos
Psychol. de la croyance. 2° éd.
Pessimisme, féminisme, etc.

M. Boucher
Essai sur l'hyperespace 2° éd.

C. Bouglé.
Les sciences soc. en Allem.

E. Boutroux.
Conting. des lois de la nature.

J. Bourdeau
Maîtres de la pensée contemp.
Socialistes et sociologues.
Pragmatisme et modernisme.

Brunschvicg.
Introd. à la vie de l'esprit. 2° éd.
L'idéalisme contemporain.

C. Coignet
Évolution du protestantisme.

G. Compayré
L'adolescence 2° édition.

A. Cresson.
La morale de Kant 2° éd.
Malaise de la pensée philos.
Philosophie naturaliste.

Danville.
Psychologie de l'amour. 5° éd.

Delvolvé.
Organis. de la consc. morale.
Rationalisme et tradition.

Dromard.
Mensonges de la vie intérieure.

L. Dugas.
Le psittacisme.
La timidité. 5° édition.
Psychologie du rire. 2° édit.
L'absolu.

L. Duguit
Droit social et droit individuel.

Dumas
Le sourire.

Ch. Dunan.
Les deux idéalismes.

G.-L. Duprat.
Les causes sociales de la folie.
Le mensonge. 2° édit.

E. Durkheim.
Règles de la méth. soc. 5° éd.

Encausse
Occult. et Spiritual. 2° éd.

Flérens-Gévaert.
Essai sur l'art contemp. 2° éd.
La tristesse contemp. 5° éd.
Psychologie d'une ville. 3° éd.
Nouveaux essais sur l'art.

Fournière.
Essai sur l'individualisme.

Rogues de Fursac
Un mouvement mystique.

G. Geley.
L'être subconscient.

Guyau.
Genèse de l'idée de temps.

E. Goblot.
Justice et Liberté 2° éd.

Grasset.
Limites de la biologie. 6° éd.

Jankelevitch.
Nature et société.

A. Joussain.
Fondem. psychol. de la morale.

N. Kostyleff.
Crise de la psychol. expérim.

Lachelier
Fondement de l'induction.
Le syllogisme.

C.-A. Laisant.
L'éduc. fond. s. la science. 3° éd.

A. Landry
La responsabilité pénale.

Gustave Le Bon.
Évolution des peuples. 10° éd.
Psychologie des foules. 16° éd.

F. Le Dantec.
Le déterminisme biol. 3° éd.
L'individualité. 3° éd.
Lamarckiens et Darwiniens.

L. Liard.
Logiciens angl. contem. 5° éd.
Définitions géomét. 3° éd.

H. Lichtenberger.
Philos. de Nietzsche. 12° édit
Frag. et aphor. de Nietzsche

Mauxion.
L'éduc. par l'instruction 2° éd.
La moralité.

G. Milhaud.
La certitude logique. 2° éd.
Le rationnel.

Murisier.
Malad. du sentim. relig. 3° éd.

Ossip-Lourié
Pensées de Tolstoï 3° édit.
Nouvelles pensées de Tolstoï
La philos. de Tolstoï. 3° éd.
La philos. sociale dans Ibsen.
Le bonheur et l'intelligence.
Croyance religieuse.

Palante.
Précis de sociologie. 4° édit.
La sensibilité individualiste.

D. Parodi.
Le problème moral.

Fr. Paulhan.
La fonction de la mémoire
Psychologie de l'invention
Les phénomènes affectifs. 2° éd
Analystes et esprits synthétiq.
La morale de l'ironie.
Logique de la contradiction.

Péladan.
Philos. de Léonard de Vinci.

J. Philippe.
L'image mentale.

Proal
Éducat. et suicide des enfants

Queyrat.
L'imag. chez l'enfant. 4° éd.
L'abstraction dans l'éduc. 2° éd
Les caractères 4° éd.
La logique chez l'enfant. 3° éd.
Les jeux des enfants.
La Curiosité.

G. Rageot.
Les savants et la philosophie.

G. Renard.
Le régime socialiste. 6° édit.

Rey
L'énergétique et le mécanisme.

A. Réville.
Dogme de la divinité de J.-C.

Th. Ribot.
Probl. de psychol. affective.
La psych. de l'attention. 11° éd.
La phil. de Schopen. 12° éd.
Les mal. de la mém. 21° édit.
Les mal. de la volonté. 26° éd.
Mal. de la personnalité. 14° éd.

G. Richard.
Social. et science sociale. 2° éd

Ch. Richet.
Psychologie générale 8° éd.

Roussel-Despierres
L'idéal esthétique.

S. Rzewuski
L'optim. de Schopenhauer.

E. Roehrich.
L'attention.

Seillière.
Philos. de l'impérialisme.

P. Sollier.
Les phénomènes d'autoscopie.
L'association en psychologie.

Souriau
La rêverie esthétique.

Sully Prudhomme
Psychologie du Libre arbitre.

**Sully Prudhomme
et Ch. Richet**
Probl. des causes finales. 3° éd.

Tanon.
L'évolution du droit. 3° éd.

G. Tarde.
La criminalité comparée. 7° éd.
Les transform. du droit. 4° éd.
Les lois sociales. 6° éd.

J. Taussat
Le monisme et l'animisme.

Thamin.
Éducation et positivisme. 3° éd.

P.-F. Thomas.
La suggestion et l'éduc. 5° éd.
Morale et éducation. 2° éd.

Tissié.
Les rêves. 2° édit

1542-10. — Coulommiers. Imp. Paul BRODARD. — 11-10.

www.ingramcontent.com/pod-product-compliance
Lightning Source LLC
Chambersburg PA
CBHW072344200326
41519CB00015B/3657